DEUX BIJOUX

Coulommiers. — Typographie de A. MOUSSIN.

DEUX BIJOUX

PAR

Mlle ZÉNAÏDE FLEURIOT

LIBRAIRIE JACQUES LECOFFRE

LECOFFRE FILS ET Cie, SUCCESSEURS

PARIS | LYON
90, RUE BONAPARTE, 90 | ANCIENNE MAISON PERISSE

1869

DEUX BIJOUX

I

Deux femmes se rencontrent dans la rue. L'une a les cheveux gris, l'air posé, la physionomie sérieuse; l'autre est une belle brune de vingt-deux ans, à la tournure élégante, au pas léger, dont les yeux scintillent sous la dentelle noire de son voile. Ce passé calme et digne, ce présent folâtre et charmant, se donnent la main. Ils se connaissent de longue date. La dame aux cheveux gris dansait au mariage de la mère de la jeune fille aux cheveux d'ébène, dont elle était la meilleure amie.

— Où allez-vous de ce pas, Marguerite? demande le passé.

— Adresser mon compliment à Clotilde, Mademoiselle, répond le présent. Elle fait vraiment un mariage inespéré; ne le trouvez-vous pas?

— Elle fait un bon mariage, c'est certain; mais, comme toujours, il a de bons et de mauvais côtés.

— M. de Branefort est veuf : voilà le hic.

— M. de Branefort a deux enfants : voilà la grande responsabilité.

— Quand on a commencé à parler de son mariage, Clotilde ne paraissait aucunement effrayée de cette responsabilité-là, Mademoiselle. Elle est pleine de courage.

— A votre âge, jeune fille, vous le savez bien, on ne doute de rien. Mais est-ce à dire que la vie réelle soit pour cela allégée de ses obligations? En aucune façon. Il faudra bien qu'un jour ou l'autre Clotilde prenne au sérieux le titre de mère, assez lourd pour ses vingt ans. J'ai un peu l'intention de lui parler raison aujourd'hui ; mais elle préfèrera votre visite à mon sermon, et...

— Vous avez tout le temps de le faire avant mon arrivée, Mademoiselle, interrompit vivement Marguerite. Je veux passer chez ma lingère pour commander le souvenir que j'offre à Clotilde, et que je n'ai pas eu le temps de broder moi-même. Je serais vraiment désolée de la priver de vos bons conseils. Elle m'a souvent dit : « Je déteste les sermons en général ; et, parce que je n'ai plus ma mère, tout le monde s'imagine de m'en faire ; mais je tolère ceux de ma tante Bruneville, ce sont les plus courts et les plus vrais. »

Mlle Bruneville sourit à demi.

— Ce que je sais, c'est qu'elle en profite peu, dit-elle ; enfin, tout vient en son temps, la raison comme autre chose. Je vais annoncer votre visite à Clotilde. A bientôt, mon enfant !

La jeune fille salua et s'éloigna, suivie de sa femme de chambre. Mlle Bruneville continua son chemin. Arrivée devant une maison d'assez modeste apparence, elle frappa.

— Puis-je voir ma nièce? demanda-t-elle à la servante qui se présenta.

— Mademoiselle est dans sa chambre, mais elle n'est pas seule, répondit-elle.

Ce n'était pas le compte de Mlle Bruneville, de trouver en compagnie celle qu'elle s'apprêtait à chapitrer; cependant, après un moment d'hésitation, elle suivit la servante qui montait lentement l'escalier conduisant au premier étage. Sur le palier elle s'arrêta et ouvrit une porte. Au fond d'un assez grand appartement, deux jeunes filles riaient et causaient. En apercevant Mlle Bruneville, elles se levèrent; l'une salua de sa place, l'autre vint au-devant de la visiteuse, et lui présenta son front, en disant :

— Bonjour! ma tante.

Cette jeune fille n'était pas une de ces beautés qui ne se discutent pas, qui supportent l'examen et l'analyse. Ses traits, détaillés, étaient ordinaires; mais elle avait les yeux brillants, les joues roses et veloutées; une de ces chevelures opulentes, pleines de séve, à travers lesquelles le peigne ne trace qu'une raie invisible; une taille pleine de grâce dans sa petitesse. De beauté réelle, point; de physionomie, moins encore; mais une expression rieuse, jeune, séduisante. C'était un plaisir de regarder ce frais visage, comme c'est un plaisir de regarder la rose qui vient de s'épanouir, le papillon qui voltige, la rosée qui pend comme une perle à l'extrémité d'une feuille; toutes ces jolies choses enfin dont le charme passager fixe un instant le regard.

Après quelques paroles échangées, Mlle Bruneville s'assit en face des deux jeunes filles, et, tirant de sa poche un ouvrage au crochet :

— Voyons, Mesdemoiselles, je ne veux ni perdre mon temps ni interrompre votre conversation, dit-elle; de quoi parliez-vous?

Les deux jeunes filles prirent l'air embarrassé.

— Ma tante, ce que disent de petites folles comme nous ne saurait vous intéresser, s'écria Clotilde en riant.

Mlle Bruneville regarda fixement sa nièce, et hocha la tête.

— Il me semble que pour toi du moins, Clotilde, il serait temps de ne plus te poser en petite folle, dit-elle. Je ne sais pas jusqu'à quel point il est bon de l'être, passé dix-huit ans; mais le mot devient déplacé, mon enfant, quand on épouse un homme de trente-huit ans, père de deux enfants.

— Par exemple, ma tante! il n'a pas trente-huit ans, dit Clotilde avec une petite moue charmante. Il n'a que trente-sept ans et huit mois, et même je suis très-fâchée qu'il ait dit son âge, et qu'on soit obligé de le connaître pour se marier. On lui donnait à peine trente-deux ans.

— Cependant l'âge de sa fille est là.

— On n'y pensait pas, à sa fille; et puis, il avait pu se marier très-jeune. Enfin, il est bien désagréable qu'on l'ait dit. J'ai l'air d'épouser un bonhomme; n'est-ce pas, Louise?

— Certainement, répondit Louise; et justement, quand vous êtes entrée, nous parlions de cela, Mademoiselle. Clotilde et moi avons compté chacune de notre côté les cheveux blancs de

M. de Branefort. Elle n'en a trouvé que dix ; moi, j'en ai trouvé quarante.

— Ne le dis pas, s'écria Clotilde en se levant d'un bond, et en plaçant sa jolie main sur la bouche de l'amie indiscrète. Je te défends de le dire.

— Mais on les voit, murmura Louise à travers la main.

— Qu'importe, je ne veux pas qu'on le dise. Il les arrachera, d'ailleurs; et, s'il le faut, je les lui arracherai moi-même quand nous serons mariés.

Le hochement de tête de Mlle Bruneville se changea en un haussement d'épaules. L'enfantillage dépassait toute proportion.

— Clotilde, assieds-toi, dit-elle avec une certaine autorité, et sois un peu plus sérieuse. Que nous font les cheveux blancs de M. de Branefort, et en quoi cela peut-il te déplaire si fort ?

— Ma tante, vous en parlez bien à votre aise, vous! Cela me déplaît beaucoup, à moi.

— Ah! je t'en prie, sortons de ces niaiseries. Tous les jours les choses que tu trouves importantes diminuent d'importance. Hier, c'était je ne sais quel détail de la toilette de noce qui t'occupait tellement qu'il n'y avait pas moyen de te parler d'autre chose. Demain ta corbeille elle-même te déplaira.

— Ah! ma tante! non, car elle sera splendide.

Écartant ses doigts fins, elle se mit à compter :

— Deux cachemires, un long et un carré, une robe de velours bleu, une robe rose recouverte de dentelles noires, une parure de perles fines et turquoises, une masse de dentelles blanches provenant de toutes les dames de Branefort passées, une agrafe en diamants.

— C'est tout, Clotilde?

— Oui, ma tante.

— Cherche bien. Tu as tout simplement oublié ce que M. de Branefort mettra certainement de plus précieux dans ta corbeille de mariage.

Clotilde arrondit ses jolis yeux brun clair si brillants sous ses cheveux blonds.

— Je sais ma liste par cœur, dit-elle en hochant la tête ; je vous assure qu'il n'y a pas autre chose.

— Ainsi, tu n'as pas une fois pensé que, sous

ces riches futilités, M. de Branefort mettait en plus deux enfants, deux âmes? dit Mlle de Bruneville lentement, sérieusement.

Clotilde se pinça les lèvres, et puis, éclatant de rire :

— Il n'y a vraiment que vous à avoir ces idées originales-là, ma tante, dit-elle. J'avoue que je n'aurais jamais songé à classer Béatrix et Pauline parmi mes bijoux.

— Et, sous ce rapport, ton insouciance m'afflige. Comment peux-tu ne pas accorder une pensée à ces enfants qui, en définitive, deviennent les tiens?

— Mais j'y pense aussi, ma tante; je les aimerai beaucoup, je les aime déjà, surtout Béatrix, qui est si gentille. Tous les jours elles me font une visite, et j'ai là un sac de pralines à leur intention. Tenez, elles montent, je crois. C'est bien la voix de Béatrix que j'entends... Oui, oui, ce sont bien elles. Bonjour, mes chéries!

La porte s'était ouverte devant deux petites filles : elles coururent en sautant vers Clotilde qui les embrassa; et, les prenant par la main :

1.

— Ma tante, je vous présente mes deux filles, dit-elle gentiment en s'avançant avec elles vers Mlle Bruneville.

Le groupe était charmant à regarder; mais à voir cette grande enfant, rieuse entre ces deux enfants, personne n'aurait pensé qu'elles pussent lui donner dans quelques semaines le titre doux et sacré, mais très-sérieux, de mère.

Mlle Bruneville baisa au front les deux petites filles, les fit s'approcher d'elle, et, tout en leur adressant deux ou trois questions enfantines, les regarda attentivement.

Les deux filles de M. de Branefort ne se ressemblaient pas. L'aînée, Pauline, était une enfant de dix ans, chétive, pâlotte, courte. En voyant ce petit corps ramassé sur lui-même, arrêté en sa croissance ; ce visage vieillot, osseux et allongé, ces mains disproportionnées par la longueur des doigts, ce grand œil pensif, on disait : « Voilà une petite fille qui deviendra certainement bossue; » et on la prenait pour la sœur cadette de Béatrix, une belle enfant pleine de santé, de force élégante, de grâce, chez laquelle on voyait germer une beauté de premier ordre.

Les deux sœurs n'avaient de semblable que les yeux ; de beaux yeux noirs bien fendus, aux paupières richement frangées, et dans l'expression desquels se faisaient déjà remarquer de notables différences. Béatrix avait le regard timide, mobile, souriant d'une enfant ; Pauline, le regard intelligent, réfléchi, profond d'une femme.

— N'est-ce pas, ma tante, qu'elles sont gentilles, et qu'il me sera facile de les aimer? dit Clotilde quand les petites filles quittèrent Mlle Bruneville pour son amie Louise, qu'entre elles, jeunes filles, elles avaient surnommée Moutonne, à cause de sa douceur inaltérable et passive.

— Elles sont fort gentilles, c'est certain. Cette petite Pauline a un bien beau regard.

Clotilde se pencha vers sa tante.

— Oui, dit-elle ; mais il y en a qui disent qu'elle deviendra tout à fait bossue. Est-ce dommage! Et puis elle est drôle et triste, cette petite. J'aime bien mieux Béatrix, qui est si charmante.

— Imprudente ! tais-toi.

— Elles n'entendent pas, ma tante. Mais regardez-la donc. Vous les compariez tout à l'heure à des bijoux. Pour Béatrix, je ne dis pas, on aimerait à s'en parer, à la produire. Dis donc, Moutonne, où as-tu mis le sac de pralines dans lequel nous pêchions avant l'arrivée de ma tante? Il faudra le vider, et voici justement Marguerite qui arrive à point pour prendre sa part.

— Bonjour, Marguerite !

Marguerite, c'était la jeune fille à laquelle, on se le rappelle, Mlle Bruneville avait parlé dans la rue.

Elle fit son compliment à Clotilde, embrassa Béatrix, rit au nez de Pauline, et se joignit aux autres pour chercher le sac de pralines. Il avait glissé derrière un sofa; ce fut Clotilde qui l'y trouva.

— Les voici ! s'écria-t-elle en élevant le sac rose en l'air hors de la portée de la main. Mon Dieu ! Moutonne, comme nous en avons mangé ! il n'en reste presque plus, aussi je vais les distribuer au hasard; regardez.

Elle secoua le sac, les pralines tombèrent en pluie sur le plancher et y roulèrent dans toutes les directions.

Et elles se précipitèrent à leur recherche en jetant des cris, des rires d'enfants. Les deux petites surtout trouvaient le jeu amusant, et se montraient très-ardentes à cette chasse aux pralines.

Un moment, Pauline se trouva près de sa future belle-mère, et lui en enleva fort adroitement une qu'elle allait saisir.

— Tu en as déjà trois, c'est trop, dit celle-ci en lui prenant la main ; j'en veux une pour Béatrix.

— Béatrix en a trois aussi, répondit l'enfant sans desserrer les doigts et en se dressant dans une pose de résistance.

Qu'il s'agisse d'une dragée, d'un sac d'or ou d'une province, on n'est jamais disposé à céder ce qu'on vient de conquérir.

— Allons, donne, donne, reprit Clotilde qui s'animait; est-ce que tu crois, d'ailleurs, que je n'ouvrirai pas de force cette petite main-là ?

Et elle se mit à essayer.

Pauline, de rouge qu'elle était, devenait très-pâle; mais elle luttait les dents serrées, la main toujours fermée, et elle commençait à regarder

Clotilde d'un air qui changea soudain l'impatience qu'éprouvait la jeune fille en une véritable irritation.

— Donne-moi cette praline, je la veux! s'écria-t-elle violemment, en secouant la petite fille; je la veux pour Béatrix.

— Elle en a trois aussi.

— Eh bien! si je veux qu'elle en ait quatre, si je l'aime mieux que toi, petite raisonneuse! s'écria Clotilde, emportée par sa folle colère.

Le regard ardent de l'enfant se voila; elle détendit ses doigts, laissa tomber les pralines, et alla s'asseoir dans un coin.

Mlle Bruneville avait suivi des yeux cette petite scène, elle avait tout entendu. Elle soupira en voyant l'enfant regarder sa main rougie, compter les traces d'ongles qui y traçaient de blanches ellipses, et lancer vers Clotilde un regard empreint d'un intraduisible sentiment de crainte et d'aversion.

— Nous voilà presque en rond, dansons, s'écria tout à coup la brune Marguerite; vous permettez, Mademoiselle? Viens, Pauline!

Mais Pauline résista.

— Elle boude, laisse-la bouder, dit Clotilde en saisissant la main de Béatrix.

Et, d'une voix juste et perlée, elle entonna :

> En m'en revenant de Paris,
> En m'en revenant de Paris,
> J'ai vu des coqs noirs et gris ;
> Bonjour, mes coqs noirs ; bonjour, mes coqs gris, etc.

Mlle Bruneville les regardait tourbillonner, et son bienveillant sourire s'effaçait peu à peu sous l'influence de la pensée intérieure.

Depuis que les négociations de mariage avaient été entamées, sur la demande que lui avait faite le père de Clotilde, elle était venue tous les jours passer une heure près de sa nièce, espérant, sans effeuiller brutalement les fleurs dont les parfums enivraient sa jeunesse, l'amener à envisager sérieusement la vie qui s'ouvrait devant elle.

Elle s'était heurtée à un caractère capricieux, irréfléchi, porté aux petites ruses, à une intelligence médiocre que l'étude n'avait pas suffisamment développée ; à une volonté aveugle, à laquelle une piété solide, bien entendue, n'imprimait pas une direction haute et ferme ; à une gaieté d'enfant qui avait bien sa grâce, mais qui, charmante et bien naturelle dans la jeune fille, pouvait dégénérer en étourderie dans la jeune femme. Aussi Clotilde l'avait-elle à peine écoutée.

Une femme d'une haute intelligence devait l'écrire plus tard : « Il faut que chacun trouve son mot dans l'énigme de la vie ; il ne sert à rien qu'on vous le dise : les uns ne l'écoutent pas, les autres le prennent à contre-sens. »

Mais ce mot, qui est la lumière, ce mot révélateur qui change les cœurs et affermit les volontés, comment Clotilde le déchiffrerait-elle ? N'ouvrirait-elle les yeux pour le lire que quand l'énigme serait sur le point de recevoir son explication complète, suprême, trop tard par conséquent ? Voilà ce qui occupait les pensées de l'amie de sa mère, et en voyant d'un côté cette enfant songeuse, de l'autre cette jeune étourdie qui passait de la tristesse la plus ridicule en ses motifs à la gaieté la plus folle, et qui s'embarquait sur la mer orageuse de la vie sans gouvernail et sans ancres, elle se demandait ce que serait, dans un avenir prochain, un intérieur dont ces deux femmes seraient appelées à faire le charme ou le tourment.

Les réflexions de Mlle Bruneville et la ronde furent interrompues en même temps par la bonne de Béatrix et de Pauline, une vieille fille qui les avait élevées et qui les aimait uniquement.

Elle venait annoncer à Clotilde que la sœur aînée de M. de Branefort était au salon.

Cette nouvelle jeta Clotilde dans un véritable désespoir.

— Je ne suis pas habillée, dit-elle, je suis seule, je ne la recevrai certainement pas.

Et comme ses amies riaient de la voir si désolée.

— Mais ne savez-vous pas, reprit-elle, que je ne la connais pas du tout, cette sœur de M. de Branefort? qu'elle est vieille, savante et très-drôle? Que lui dirai-je, mon Dieu! que lui dirai-je?

— Tu déraisonnes, Clotilde, dit Mlle Bruneville assez sévèrement ; Thérèse de Branefort a quarante-cinq ans, c'est vrai; elle habite la campagne depuis sa jeunesse, ce qui lui a donné certaines manières que quelques-uns qualifient de drôles; mais c'est une femme sensée, d'un caractère franc, d'une intelligence pratique, dont tu feras très-bien, plus tard, de suivre les avis. Ce n'est point du tout une savante de la manière dont tu l'entends. A vingt-cinq ans elle s'est retirée à la campagne pour se dévouer uniquement à sa sœur cadette qui est sourde et muette, et elle a profité de cette retraite absolue pour s'instruire et pour acquérir la capacité de gérer elle-même ses propres affaires, sa fortune n'étant pas considérable, voilà tout. Avec une femme de cette espèce, les petites considérations de toilette sont déplacées, et d'ailleurs tu ne peux remettre à un autre jour ta belle-sœur future.

— Alors, ma tante, restez avec moi ; papa sera encore sorti, et vous l'avez beaucoup connue autrefois, m'avez-vous dit.

— Je resterai volontiers, je vais même te précéder au salon avec Béatrix et Pauline, si tu veux absolument t'habiller.

— Oh! certainement, je ne paraîtrai pas ainsi.

— Pourquoi ? il serait beaucoup plus aimable d'aller tout simplement embrasser tout de suite Thérèse; c'est une campagnarde pur sang, et les frais de ce genre seront complétement perdus pour elle.

Mais Clotilde était dans ses jours d'opiniâtreté; elle refusa, et Mlle Bruneville, invitant Béatrix et Pauline à la suivre, descendit avec elles au salon. Elles y trouvèrent une femme d'une cinquantaine d'années, grande, robuste, au front hâlé, couronné d'épais bandeaux de cheveux gris, simple dans sa toilette, dans ses manières, manquant un peu trop de cette grâce toute féminine qui n'a pas d'âge, mais possédant en revanche la franchise de regard, la netteté d'expression, qui révèlent un caractère franc et énergique.

Elle commença par entourer de ses deux grands bras ses nièces, en les confondant dans une même étreinte, et puis elle embrassa chaleureusement Mlle Bruneville. Elles avaient vécu quelques années dans la même ville, à cette période heureuse de la jeunesse où les cœurs se lient vite, et, bien que n'ayant pas conservé de relations très-suivies, elles s'écrivaient de temps en temps et étaient sincèrement enchantées de se revoir.

— Et ma future belle-sœur, où donc est-elle? demanda Mlle de Branefort en se rasseyant.

— Elle va venir, répondit Mlle Bruneville, elle reconduit ses amies.

— Et elle fait sa toilette, ma tante, ajouta Pauline, qui, depuis la scène des pralines, avait conservé un air tout vieillot, tout douloureux.

Mlle Branefort regarda ses gants de filoselle, sa robe de mérinos, son châle où se dessinaient d'énormes et antiques palmes.

— Vraiment, dit-elle en riant; elle prend là un soin bien inutile, vous eussiez dû le lui dire, Fanny.

— C'est ce que je n'ai pas manqué de faire; mais vous savez, les jeunes filles! Vous lui faites une certaine peur, ma chère, et elle veut au moins que sa toilette vous paraisse irréprochable.

— Je veux croire que Mlle Clotilde a les meilleures intentions du monde, répondit Mlle de Branefort; mais elle oublie qu'une fermière comme moi est fort brouillée avec la mode. Or, j'ai si peu de temps à passer ici que j'aurais voulu en perdre le moins possible.

Et, rapprochant son fauteuil de celui de Mlle Bruneville :

— Et vous devez supposer qu'il me tarde de faire sa connaissance, ajouta-t-elle à demi-voix. Depuis la mort de ma belle-sœur, je me suis particulièrement intéressée à ses enfants; je les aime et je ne serai rassurée que quand j'aurai, de mes propres yeux, reconnu que celle qui la remplace a ce qu'il faut pour bien remplir la mission délicate qu'elle accepte.

— Vous pouvez le penser, répondit non sans embarras Mlle Bruneville, que le regard interrogateur de son ancienne amie embarrassait; M. de Branefort n'a pu faire un mauvais choix.

— Mon frère m'a parlé de son mariage plutôt en amoureux qu'en père, dit Mlle de Branefort avec une certaine vivacité, et, je vous l'avoue,

Fanny, j'ajouterais foi plus volontiers à votre pénétration qu'à la sienne. Mlle Clotilde est votre parente; mais enfin notre amitié déjà ancienne me donne bien un peu le droit de vous demander la vérité sur son caractère, sur.....

— J'aimais beaucoup la mère, mais je connais peu la fille, je vous en avertis, interrompit Mlle Bruneville.

Et, prêtant l'oreille, elle ajouta :

— La voici : vous la jugerez par vous-même, ce qui vaudra infiniment mieux.

Clotilde entrait en effet, moitié souriante, moitié rougissante, et mise avec une élégance de très-bon goût. Son père et M. de Branefort qu'elle avait rencontrés sur le palier la suivaient. M. de Branefort, malgré les quelques cheveux blancs mêlés à ses cheveux noirs, était jeune d'aspect. Son regard intelligent, mais dur, éclairait une figure sèche, fine et nerveuse. Une toilette soignée contribuait à mettre en relief la distinction de sa personne.

En les voyant entrer, Mlle Bruneville s'était levée.

— Quoi! vous partez déjà, Fanny? dit Mlle de Branefort.

— Ma tante, je vous en prie, restez à dîner avec nous, ajouta Clotilde, que le tête-à-tête avec cette femme au regard pénétrant, à la parole brève et incisive, effrayait.

— Je ne puis pas, mon enfant, j'ai promis ailleurs.

— Ainsi vous passez la soirée dehors, Fanny? dit Mlle de Branefort.

— Non, je serai chez moi à sept heures.

— Cela vous dérangerait-il que j'allasse vous faire une petite visite? dites-le-moi franchement.

— Pas plus que quand l'une et l'autre nous avions vingt-cinq ans, Thérèse.

— Alors, je ne vous retiens plus; à ce soir.

Clotilde alla reconduire sa tante jusqu'à la porte extérieure, se plaignant de ce qu'elle la laissait seule avec sa future belle-sœur, dont elle trouvait le regard si sévère et la voix si impérieuse.

— Thérèse, au fond, est une excellente femme,

lui dit Mlle Bruneville. Elle a toujours eu l'écorce assez rude, une certaine brusquerie de manières, qui lui faisaient tort dans l'esprit de beaucoup; mais cela n'empêche pas que ce ne soit le dévouement en personne. Je t'avertis seulement que la niaiserie lui semble insupportable, que la coquetterie la plus innocente l'impatiente, et qu'elle s'attend à trouver en toi une femme qui va devenir la mère de ses nièces, et non une enfant frivole et sans raison.

— Je le sens, dit Clotilde ingénument, je ne dirai que des bêtises ce soir.

— Ma chère enfant, ne serait-ce pas le résultat de l'habitude? Il y a longtemps que je t'en ai prévenue, ces bêtises que M. de Branefort veut bien trouver maintenant des naïvetés adorables ne conserveront pas longtemps en ménage ce poétique nom. Secoue donc un peu ton apathie, prends en main les rênes de ta volonté, et romps une bonne fois avec cette vie capricieuse et nonchalante qui te perd. Il serait inutile de te poser en femme sérieuse devant Thérèse, qui a le coup d'œil juste et prompt, mais sois avec elle naturelle, sensée, montre-toi pleine de bonne volonté intelligente. Dans une jeune fille de vingt ans on se contente de cela. Eh bien, que regardes-tu ?

— La passementerie de votre manteau, ma tante; voilà huit jours que j'en cherche inutilement de semblable.

M{$^\text{lle}$} Bruneville rabattit son voile et ouvrit la porte de la rue.

— C'est que tu as mal cherché, dit-elle. Adieu!

Et elle sortit.

II

Il était à peu près huit heures du soir; Mlle Bruneville, assise au coin de son feu, attendait la visite de son ancienne amie. Son fauteuil était prêt, et sur le guéridon, à la portée de la main, un petit écran présentait son manche d'ébène. Rien ne troublait le recueillement dans ce salon situé pourtant à quelques pas des quartiers les plus mouvants de la ville. Mlle Bruneville avait choisi son appartement avec le tact exquis qu'elle mettait en toutes choses. Peu lui importait, à elle, moitié recluse et moitié femme du monde, que sa maison fît bonne figure sur la rue, qu'elle annonçât à tous l'aisance dont elle jouissait. Ce qu'elle voulait, c'était, avec le confort intérieur et la sécurité de la ville, l'air, le silence, la liberté, et elle avait trouvé tout cela. Dans une vaste maison de la vieille ville, elle avait rencontré une sorte d'aile invisible de la rue, et donnant sur un grand jardin; elle s'en était rendue propriétaire. Six mois plus tard, l'aile restaurée devenait un frais et joli appartement meublé avec une simplicité élégante, mille fois préférable au luxe qui s'étale, qui s'impose au regard. L'été, les portes vitrées du salon s'ouvraient pour laisser passer l'air, le soleil, le parfum des fleurs, le bourdonnement des insectes, les gazouillements d'oiseaux; l'hiver, un feu clair s'allumait dans le foyer, le piano laissait échapper plus souvent ses mélodieux murmures, et dans les jardinières s'épanouissaient les mélancoliques fleurs de la saison.

En hiver comme en été aucun des ennuyeux bruits de la ville ne traversait ces épaisses murailles et ne venait offenser l'oreille délicate de Mlle Bruneville. Cela était si vrai, qu'à certains moments du jour elle était obligée d'ouvrir sa fenêtre pour entendre les cloches, ces voix religieuses et vibrantes de l'air qui ont un écho dans l'âme.

Mlle Bruneville avait poétisé en quelque sorte ce nom de vieille fille, qui ne se prononce qu'avec circonspection parce que de sottes gens ont voulu en faire une injure. Elle avait su éviter les manies, les ridicules, écarter l'égoïsme, donner à sa vie calme un but et une incontestable utilité. Or, avec les relations de la famille et celles de l'amitié, les sympathies actives pour l'humanité déshéritée et souffrante, le goût éclairé des lettres et des arts, et surtout la présence permanente de Dieu au fond de l'âme, on défie l'isolement et on se rit de l'ennui. L'isolement! l'ennui! voilà cependant les deux fantômes qui semblent couvrir d'ombre le sentier du célibat, et qui font aux pusillanimes contracter, presque au seuil de la vieillesse, des unions dont le monde s'étonne.

Ce soir-là Mlle Bruneville ne travaillait pas avec son entrain ordinaire, le crochet restait souvent inactif entre ses doigts blancs. Sa rencontre de l'après-midi lui faisait remonter par le souvenir le cours des années écoulées; un demi-sourire entr'ouvrait sa bouche pensive, et ses yeux regardaient vaguement sa chienne favorite couchée sur un tapis devant le feu. C'était la seule concession qu'elle eût faite à sa position de vieille fille; elle avait un chien qu'elle aimait d'un attachement raisonnable : mais aussi quel élégant chien c'était! une gracieuse levrette, aux grands yeux, aux pattes fines, aux oreilles mobiles, qui, en ce moment, le poitrail contre le tapis, les pattes de devant croisées, tournait vers elle son museau fin, son grand œil noir intelligent et doux, et semblait la regarder penser. Comme huit heures sonnaient à la pendule de l'appartement voisin, la sonnette de la porte extérieure, vivement agitée, annonça l'arrivée de la visiteuse. Mlle Bruneville fit tourner le bouton de la lampe qui darda d'ardents rayons sous son abat-jour transparent, et se leva pour la recevoir. La future belle-sœur de Clotilde n'avait pas sa physionomie franche et sereine de l'après-midi. Le rapprochement de ses épais sourcils par une contraction du front donnait à sa figure une dureté peu commune.

— Je connais ce froncement de sourcils-là, pensa Mlle Bruneville. Clotilde, comme toujours, a été absurde.

Mlle de Branefort, n'étant d'ailleurs en aucune façon habituée aux ménagements, se hâta de formuler, sans détour, son opinion sur le mariage de son frère. Laissant tomber par un geste de découragement ses deux bras le long de son corps, elle répondit à Mlle Bruneville qui l'engageait à s'asseoir.

— Quelle folie il fait!

Et elle ajouta en hochant la tête :

— Oh! rien qu'à votre air j'aurais dû m'en douter. L'indulgence a toujours mis son voile sur vos yeux, et votre compliment a été bien court et bien froid. Allons, Fanny, n'entamez pas un plaidoyer pour la défendre; ne vous croyez pas obligée, comme nous disions autrefois, de couler de l'huile sur les gonds qui grincent; je suis à tout jamais fixée sur ma future belle-sœur : c'est une enfant, et, qui pis est, c'est une sotte. Eh bien! que faites-vous?

— Je détache votre chapeau, Thérèse, il fait très-chaud ici, et vous me donnez le reste de la soirée, n'est-ce pas?

— Je ne puis disposer que d'une heure, il est huit heures, je pars à neuf; mais, au fait, il me sera toujours plus commode de ne plus avoir ce lourd manteau sur les épaules.

Elle s'en débarrassa lestement, s'assit, et, croisant les bras, elle fit d'un regard l'inspection de l'appartement.

— Quel joli nid vous vous êtes construit, Fanny! dit-elle avec son bon sourire; cette chambre soignée, élégante, où rien ne manque, où rien ne choque, vous ressemble. Il s'en faut que je sois ainsi installée dans mon vieux colombier, là-bas en Bretagne. Dix chambres comme la vôtre danseraient dans la mienne; tout est rococo, incommode; les fenêtres ont de petits carreaux, les portes de lourds loquets en fer, le parquet des clous saillants, le plafond des poutres superbes. Les meubles sont à l'avenant, et, le croiriez-vous, tout cela me plaît, à moi, mieux que vos boudoirs, que vos chambres sourdes, musquées, où je ne respire pas à l'aise.

— Chacun suit ses goûts, Thérèse, et je suis sûre que je pourrais dire de votre habitation ce que vous dites de ma chambre : elle vous ressemble.

Mlle de Branefort se mit à rire.

— Oui, dit-elle, elle est vieille, laide, sombre et maussade d'aspect comme sa propriétaire.

— Et hospitalière et solide.

— Pour cela oui, et je serais bien aise que quelque jour, quittant votre bonbonnière, vous vinssiez visiter ma ferme. Il y a si longtemps que nous ne nous sommes vues, et nous nous entendions si bien, Fanny !

Mlle de Branefort s'interrompit elle-même, et, fixant ses yeux louches sur son ancienne amie :

— Où donc avez-vous pris le secret de ne pas vieillir? reprit-elle; vous êtes toujours jolie, et cependant il y a longtemps depuis nos vingt ans.

— Vous êtes devenue flatteuse en vieillissant, Thérèse, ou vous ne voulez pas voir ce qui est cependant parfaitement visible, répondit Mlle Bruneville en passant ses doigts dans les boucles grises légèrement poudrées, qui formaient à son visage un cadre léger et charmant.

— Je vois que vos cheveux ont blanchi, mais c'est presque une coquetterie de blanchir ainsi. Je vous le dis comme je le pense, malgré votre beauté blonde, vous avez beaucoup moins vieilli que moi, qui n'avais point de beauté à perdre.

— Allons donc, Thérèse, notre genre de vie si différent nous a fait vieillir différemment peut-être, voilà tout.

La justesse de cette observation eût frappé une personne admise à regarder les deux vieilles amies assises en face l'une de l'autre sous la douce lueur de la lampe. L'une, cela se voyait, avait vécu au grand air, en plein soleil. Un sang fort commençait à marbrer de rouge la peau de son visage et de ses mains, le hâle y avait déposé sa couche foncée et y creusait de véritables sillons ; par la vie essentiellement agissante, la charpente osseuse s'était développée outre mesure, la robe dessinait durement des omoplates saillantes, moulait des bras secs et nerveux, s'adaptait tant bien que mal sur une taille sans grâce et sans flexibilité ; par l'existencematérielle et pratique des champs, la physionomie, la voix, le maintien, avaient pris ce quelque chose de viril qui se remarque chez certaines femmes, passé quarante ans.

La vie de l'autre s'était passée à l'ombre, dans les villes. C'était une plante délicate faite pour la serre tiède, elle y avait fleuri, elle y restait, conservant avec son parfum un vague reflet de son éclat passé. Un commencement d'embonpoint commençait à envahir, sans la vulgariser, cette taille naturellement élégante ; le teint, sans fraîcheur, avait gardé son satiné, ici et là une ride fine dessinait sa courbe ou ses zigzags, mais point de réseau brutalement envahisseur.

A demi enfoncée dans son moelleux fauteuil, ses blanches mains jointes sur ses genoux, elle regardait de son grand œil, bleu et doux comme l'œil d'une jeune femme, mais tout plein de la finesse pénétrante particulière à l'âge mûr, cette amie un peu rustique dont le corps et l'esprit avaient conservé une égale vitalité.

— Enfin, peu importe! reprit Mlle de Branefort en hochant la tête, rien désormais ne nous est plus indifférent. Parlons plutôt de ce mariage biscornu qui nous intéresse à un degré moindre, c'est vrai, mais enfin qui nous intéresse. Une chose seulement me gêne en ceci, Fanny : je ne veux pas dire devant vous trop de mal d'une personne que vous pouvez aimer, et, si votre nièce vous est particulièrement chère, je me mordrai la langue s'il le faut, mais vous ne saurez pas ma façon de penser.

— Vous avez cependant débuté avec une franchise qui ne laisse rien à désirer, Thérèse. Au reste, ne le regrettez pas. J'aime Clotilde plutôt par souvenir que pour elle-même. J'aimais sincèrement, tendrement sa mère, et c'est pourquoi j'ai fait de notre parenté un prétexte pour me mêler de sa vie intime, et lui donner les conseils dont elle peut avoir besoin.

— Conseillez, conseillez, ma chère; quant à

moi, je me contenterai de gémir sur le détestable choix qu'a fait mon frère.

— Thérèse, vous exagérez un peu les choses.

— Je n'exagère rien. Ce n'est pas ici le lieu de parler pour ne rien dire, et d'habiller des phrases de mots d'emprunt. Cette jeune fille est incapable de remplir dignement son rôle de belle-mère, et de rendre heureux un homme qui touche à ses quarante ans.

— Qui sait? les caractères subissent de si incroyables changements; la vie réelle pratique est une si dure maîtresse!

— Oui, mais si vous me donnez une enfant entêtée, capricieuse et sotte.....

— Allons, Thérèse, le mot est lourd; Clotilde a une intelligence ordinaire, déprimée, si je puis parler ainsi, par une ignorance profonde.

— Elle est sotte, vous dis-je, et du moment qu'on n'a pas l'intelligence d'une situation, comment voulez-vous qu'on en domine les difficultés?

— Si l'esprit est médiocre, le cœur reste, et, dans la vie intime, dans la famille, le cœur est l'agent le plus puissant; il y a des moments où l'on devine tout par le cœur.

— C'est vrai, mais a-t-elle du cœur?

— Ah! pouvez-vous en douter!

— Ma chère, il y a cœur et cœur. Je ne crois pas en manquer, de cœur. Eh bien, j'ai été sur le point d'épouser un veuf qui avait un enfant. Je l'ai vu à temps, cet enfant laid, souffreteux, maladif, presque idiot. Je me suis dit que, si c'était mon enfant, à moi, je l'adorerais à cause même de sa faiblesse, de son malheur, mais qu'il me serait difficile de l'aimer suffisamment tel qu'il m'était présenté. J'ai refusé de devenir sa mère, ne pouvant lui promettre l'amour d'une mère. Croyez-vous que Mlle Clotilde ait seulement songé aux obligations qu'elle s'impose? Non.

— Elle y songera plus tard, et vous savez: mieux vaut tard que jamais.

— Elle n'y songera pas, et galopera dans la vie à sa fantaisie, sans prendre garde à ces enfants qui deviennent les siens. Je l'ai questionnée, étudiée, retournée sur tous les sens;

elle n'a pas trouvé un mot vrai, un sentiment, une idée. Elle est livrée corps et âme à ce que j'appellerai le dessus de la vie, à son écorce : de là un caractère sans solidité. Or, cela me fait trembler.

— Il y a des grâces de position, Thérèse, vous ne l'ignorez pas; ce pessimisme est-il bien chrétien ?

— Oh! oui, parlons-en, de christianisme! Comment élevez-vous vos jeunes filles dans ce drôle de pays ? la religion n'a pas l'air d'entrer dans leur existence. C'est un accident, rien de plus.

— Clotilde, ne l'oubliez pas, a été élevée par son père, un excellent homme qui n'aurait pas mieux demandé que de prolonger indéfiniment l'enfance de sa fille, et qui tout bénévolement se figure que du jour au lendemain une enfant gâtée, et pourtant conduite à la lisière, deviendra une femme sérieuse, intelligente, capable d'amour vrai et de sacrifice.

— Les hommes sont tous comme cela; quels êtres, ma chère !

Mlle Bruneville regarda autour d'elle avec une frayeur feinte, et elle dit en souriant :

— Heureusement que les murs, ici, n'ont pas d'oreilles !

— Et quand ils en auraient, cela servirait de leçon à ceux qui en ont besoin, voilà tout. Ah ! mon Dieu ! si je n'étais pas si fort occupée de mes nièces, je laisserais mon frère se marier à sa fantaisie, il s'arrangerait comme il le voudrait avec la femme qu'il aurait choisie ; mais le sort de ces enfants me chiffonne.

— Clotilde me l'a dit, elle les aimera, elle les aime déjà.

— Oui-da. Pourquoi donc Pauline se tient-elle à l'écart, et m'a-t-elle dit, quand je lui ai parlé d'elle : « Je ne l'aime pas, ni Béatrix non plus ; emmène-nous ? »

— Les enfants sont souvent injustes, Thérèse, et il suffit d'un propos imprudent pour leur faire éprouver des antipathies qui se fondent à la première caresse.

— C'est égal, cela me déplaît ; mais ce n'est pas tant le présent qui m'inquiète que l'avenir.

Dans dix ans, ces jeunes filles auront pour belle-mère une jeune femme.

— Eh bien ?

— Eh bien, il faudra qu'elles s'aiment beaucoup, ou elles se détesteront beaucoup.

— Supposez qu'elles s'aimeront, Thérèse.

— Voilà précisément ce que je ne puis pas supposer avec Mlle Clotilde, une étourdie charmante, je le veux bien, mais enfin une étourdie.

— Laissez agir le temps, Thérèse : que de choses se modifient avec le temps ! Nous avons connu des jeunes filles de ce genre. Rien ne semblait formé en elles, moralement parlant du moins. Erreur et illusions, voilà ce qui dominait dans ces jeunes âmes. Et nous avons vu, sous le souffle de Dieu et au contact des déceptions de la vie, ces intelligences s'ouvrir, ces consciences se former, ces cœurs et ces cerveaux en fermentation se calmer, et presque toutes les femmes qui sont maintenant des épouses dévouées et des mères prudentes ont subi tôt ou tard ce travail de transformation. Quand la direction a été mauvaise, quand il y a eu chez les guides naturels oppression ou faiblesse, le travail personnel est plus pénible, plus difficile, et les résultats se font plus longtemps attendre, c'est un malheur, je le sais bien; mais, du moment que tout espoir n'est pas perdu, on ne doit pas désespérer.

— Je voudrais partager vos espérances, Fanny, et croire que plus tard tous ces éléments hétérogènes formeront une famille telle que je la comprends, mais mon jugement s'y refuse depuis que j'ai vu celle qui devra en être l'âme. Je l'ai un peu dit à mon frère; il m'a fait cette belle réponse : « Sois tranquille, je la formerai. »

Mlle Bruneville se mit à rire.

— Encore une illusion de ces messieurs! dit-elle. Leur orgueil et leur despotisme s'accommodent d'un caractère peu formé, d'une femme enfant. Cette enfant-là, le plus souvent, a une volonté opiniâtre devant laquelle la leur s'habitue à ployer, ou bien ils se heurtent à des intelligences médiocres, parfaitement incapables de s'élever à la compréhension de ce que leur devoir renferme d'important. Et cependant tous les jours on répète devant nous qu'une femme n'a besoin ni d'esprit ni d'instruction. Qu'elle soit belle, disent les uns; qu'elle soit douce et soumise, disent les autres, qu'elle s'occupe de son ménage et de ses marmots, ajoutent les moins difficiles. Et une fois la beauté évanouie, une fois l'ère de la douceur et de la soumission passive passée, une fois les marmots devenus des hommes, ce sera cette sotte et cette ignorante qui devra remplacer pour son mari le monde dont il sera lassé, et qui sera lassé d'eux; ce sera cette sotte et cette ignorante qui, au seuil de la jeunesse des enfants qu'elle aura élevés, sera là pour écarter les dangers, dire ce qu'il faudra dire, taire ce qu'il faudra taire, et conjurer par sa seule présence les mauvaises passions prêtes à faire irruption. Mais personne ne prévoit ce moment difficile, et la femme nulle est acceptée. Pour moi, quand j'entends parler avec éloge d'un jeune homme, quand je sais qu'il marche dans la vie avec dignité, je me sens pleine d'estime pour sa mère; elle doit être pour quelque chose dans cette conduite-là. Dans la famille, c'est la femme qui gouverne les âmes, et ce qu'elle est dans cette mission, elle l'est le plus souvent par elle-même, et non par son mari. Les hommes d'ailleurs, je parle toujours généralement, ne devinent ni les délicatesses ni les périls des situations; tout leur paraît petit, frivole, indigne d'attention chez leurs enfants jeunes. En plein âge mûr, ils ne se souviennent plus des susceptibilités farouches, des timidités insurmontables, des désirs impétueux de plaisir et d'indépendance, des folles et enfantines joies de la jeunesse. C'est à la femme qu'il appartient de se rappeler et d'obtenir l'indulgence pour le choix de ces bonheurs, qui font parfois sourire. Une femme qui se marie doit être capable de comprendre ce que c'est que de former un caractère, elle doit savoir marcher droit sans lisières. Je voudrais bien savoir de quelle manière votre frère s'y prendra pour former Clotilde, qui ne rêve que liberté sans frein ! Qu'entend-il par ce fameux mot : la former ? Il serait fort embarrassé de le dire.

— Mon Dieu ! voici. Si elle dépense trop, il prendra la clef du coffre-fort; si elle fait des brioches, il la grondera sans la corriger. Il se mettra très-fort en colère une fois, deux fois, trois fois, et puis, de guerre lasse, il laissera aller. L'enfant lui aura mis le mors et la bride. Si l'on est injuste pour ses filles qu'il aime, il se révoltera; puis la révolte lui deviendra gênante; il se laissera influencer par des rapports; la justice sera sacrifiée et la bonne harmonie s'établira sur l'iniquité qui est, comme on le sait, une base peu solide.

— C'est vraiment ce qui arrive, dit Mlle Bruneville sérieusement, et il y a des gens qui nient l'influence de la femme dans la famille, et, par la famille, dans la société; qui jugent convenable de la considérer comme un être inférieur, immanquablement frivole. Ah! que la beauté d'une jeune fille s'épanouisse, que sa jeunesse soit brillante, heureuse, gaie, je le veux bien; mais qu'avant tout elle soit imbue des principes chrétiens, que le côté sérieux, utile, à la fois pratique et idéal de la mission qu'elle a à remplir lui soit montré. Pourquoi, en laissant le cœur, mutiler l'intelligence, et rapetisser le caractère? Mais non, on lui coupe bras et jambes, et on lui dit : « Marche! » Elle rampe, et par elle le niveau intellectuel et moral de sa famille est abaissé.

— Vous parlez d'or, Fanny; je voudrais que votre nièce vous entendît : cela lui profiterait peut-être. Les premiers moments d'intimidation passés, elle a beaucoup parlé; mon frère la poussait, et, comme il n'y voit goutte dans le moment, ce qu'elle disait paraissait l'amuser beaucoup. J'étais impatientée, car il y avait là deux enfants qui écoutaient de toutes leurs oreilles ce cours de niaise coquetterie et de médisance. Elle avait vraiment l'air de se trouver spirituelle : elle n'est pas difficile !

— Cette légèreté de conversation ne sera heureusement pas préjudiciable à vos nièces, puisqu'on doit les mettre en pension.

— Je les y voudrais. Ma jeune belle-sœur inaugurera son règne par ce choix qui demande de la prudence, et que, par une délicate attention, mon frère a voulu lui laisser. J'aime à espérer qu'elle vous demandera conseil.

— Il ne faut pas trop y compter. Enivrée d'indépendance, Clotilde va s'essayer à agir sans contrôle, et cependant sa détermination en cela sera grave. Pour arriver à cette femme type qui, sans rien perdre de sa bonté, de sa modestie, de sa grâce, acquiert la valeur intellectuelle et morale qui survit à la jeunesse, la première condition est qu'elle soit vraiment chrétienne.

— C'est aussi mon avis, et, comme Mlle Clotilde a avoué gentiment qu'elle n'était pas dévote et qu'elle avait très-mauvais caractère, je m'attends à tout de sa part si jamais ses belles-filles viennent à lui déplaire.

— Elle s'améliorera, vous dis-je; le temps, Thérèse, est un grand maître.

— C'est votre refrain, et, comme nous ne pourrons faire accorder mes découragements avec vos espérances, restons-en là. Dans dix ans d'ici, si nous vivons, nous verrons qui de nous deux aura raison. Mais ne me suis-je point oubliée chez vous, Fanny? Ah! mon Dieu, ma montre dit neuf heures moins dix. Le convoi part à neuf heures cinq et il ne m'attendra pas.

— Votre montre doit avancer un peu, je crois, Thérèse, dit Mlle Bruneville en consultant la montre mignonne pendue à sa ceinture. Vous êtes d'ailleurs tout près de la gare.

— Tant mieux. Mon chapeau, s'il vous plaît... merci... Ce coup de sonnette m'annonce l'arrivée de mon frère, qui doit m'attendre près de la porte de la rue; ne vous dérangez pas, Fanny, et au revoir. Je retourne planter mes choux; mais je reviendrai. Je reviendrais même souvent, si l'état de ma pauvre sœur me donnait plus de liberté. Ne vous dérangez pas, Fanny, et embrassez-moi. Nous nous reverrons le jour de cette noce malencontreuse. Adieu ! adieu !

III

Un peu après midi, Mlle Bruneville sonnait à la porte de l'hôtel de M. de Branefort. Depuis le grand jour des noces, elle avait rencontré trois fois Clotilde dans sa voiture, et elle avait bien vu Béatrix, assise, parée aux côtés de sa belle-mère; mais Pauline! Mlle Thérèse lui ayant écrit pour avoir des nouvelles des enfants, elle se décidait à aller elle-même s'enquérir de la santé de Pauline, jugeant d'ailleurs la lune de miel assez avancée pour que sa visite ne parût pas trop inopportune.

Elle trouva Mme de Branefort dans son salon avec Louise, dite Moutonne, et Marguerite, la brune Marguerite, ses deux amies intimes. Il y avait dans ce salon plusieurs hautes glaces placées de façon qu'on pouvait s'y regarder marcher. Les trois jeunes femmes, qui se préparaient à sortir, étaient venues s'y mirer. Béatrix était de la partie et servait, pour le moment, de poupée à ces dames. L'une refaisait le nœud de ruban bleu mêlé à ses cheveux bruns, l'autre faisait flotter sa ceinture, Clotilde se préparait à la coiffer d'un gracieux chapeau qu'elle tenait dans ses mains gantées. La petite fille se laissait faire, et regardait de tous ses yeux et sous toutes ses faces cette mignonne créature dont la glace lui renvoyait la séduisante image, et un contentement naïf éclatait sur ses jolis traits.

L'arrivée de Mlle Bruneville n'occasionna pas de dérangement, car elle s'empressa de prier sa nièce de ne pas retarder de cinq minutes sa promenade pour elle.

La jeune femme ne demandait pas mieux ; elle posa sur le front de Béatrix le petit chapeau, complément de sa toilette, et, reculant pour la mieux contempler :

— Ma Béatrix, que tu es jolie ! s'écria-t-elle.

L'enfant ne rougit pas, on lui disait cela dix fois par jour, elle y était faite.

— Allons, embrasse ma tante Bruneville, et va prévenir ton père que nous l'attendons, reprit Clotilde.

L'enfant obéit, Mlle Bruneville l'embrassa, et, la retenant par la main :

— Où donc est Pauline ? demanda-t-elle, et pourquoi n'est-elle pas de la promenade ?

Béatrix leva son œil noir sur sa belle-mère ; une sorte d'espoir craintif s'y lisait.

— Voulez-vous, maman ? dit-elle en hésitant.

— D'abord, je veux que tu me tutoies, ensuite je ne veux pas qu'elle vienne.

Et, s'adressant à sa tante :

— Pauline est une enfant entêtée, maussade et sauvage, dit-elle gravement. J'ai voulu l'emmener une fois, elle a refusé ; depuis, j'ai défendu qu'on le lui proposât.

— Elle était malade, ce jour-là, maman, dit Béatrix timidement.

— Pourquoi alors ne voulait-elle pas se coucher?

— Pour avoir seulement mal dans le dos et dans les jambes, elle ne se couche jamais. D'être couchée le jour, cela la fait pleurer.

— Allons, tu veux l'excuser, non, non, Pauline n'est pas gentille, et, puisqu'elle aime mieux rester avec Julie, qu'elle y reste.

— Veux-tu me la donner tantôt? dit Mlle Bruneville; mon jardin est grand, il a son filet d'eau, elle s'y amusera.

— Vous êtes bien bonne, ma tante, mais je doute qu'elle accepte : c'est une enfant triste, bizarre et de l'humeur la plus désagréable. Enfin, si vous voulez, essayez. Je ne demande pas mieux qu'elle s'amuse ; mais, comme je le dis à M. de Branefort, il faut punir ces caprices de caractère, sans cela.....

— Où est-elle? demanda Mlle Bruneville, interrompant sans façon la tirade de Clotilde sur la nécessité de réprimer de bonne heure les caprices.

— Où est-elle ? répéta Clotilde en regardant Béatrix.

— Dans la lingerie, je crois, maman.

— Je vais la faire appeler, ma tante.

— Non, j'entends la voix de ton mari, il ne faut pas le faire attendre ; indique-moi seulement l'appartement.

— Au premier, ma tante, la porte à gauche, au fond du corridor ; ma femme de chambre travaille là et garde Pauline en même temps : c'est une fille très-douce, qui lui est très-affectionnée.

Mlle Bruneville quitta les jeunes femmes et alla frapper à la porte qui lui avait été indiquée. Une voix dit : « Entrez. » Elle entra et demanda Pauline, qu'elle ne voyait pas.

— Je ne sais ce qu'est devenue cette petite sournoise, dit la servante qui lui était si affectionnée ; elle a mieux aimé aller jouer toute seule dans sa chambre que de rester avec moi. Je vais l'appeler, Mademoiselle.

— Non, restez. Où est sa chambre ?

— La porte en face.

Mlle Bruneville suivit cette nouvelle indication, et cette fois entra sans frapper. Elle vit des jouets épars près de la fenêtre, mais il n'y avait personne.

Cependant, comme elle avait cru entendre remuer quand elle était entrée, elle se mit à fouiller du regard l'appartement. Deux petits lits bien blancs se touchaient presque dans l'alcôve, et, sous le rideau de l'un d'eux, passait le bout verni d'une petite bottine.

Elle alla droit au rideau et l'écarta. Pauline, assise par terre, le dos appuyé au mur, les cheveux en désordre, le visage contracté, humide de pleurs récents, était là immobile et silencieuse. Ses deux grands yeux souffrants se fixèrent sur la visiteuse, mais elle ne bougea pas.

L'âme délicate de la tante de Clotilde s'était emplie de compassion : d'un coup d'œil elle avait tout deviné, et elle éprouva soudain pour cette enfant visiblement délaissée je ne sais quelle tendresse qui passa dans sa voix quand elle dit :

— Bonjour, ma petite Pauline.

Pauline baissa la tête sans répondre.

Mlle Bruneville voulut l'attirer à elle; Pauline se cramponna au lit.

— Je veux rester ici, dit-elle, là où il fait nuit.

Mlle Bruneville alla chercher un tabouret, s'assit tout près d'elle, sous le rideau, et, lui prenant de force une de ses mains, elle essaya d'ouvrir ce pauvre petit cœur endolori, qui se fermait.

— Pourquoi es-tu si triste, chérie? demanda-t-elle.

Pauline resta muette et sa physionomie devint plus sombre encore. Ce fut en vain que Mlle Bruneville lui parla de son amitié pour elle, du projet qu'elle avait formé de l'emmener dans son grand jardin où il y avait des fleurs et de l'eau, les traits de Pauline, empreints d'une indicible souffrance, demeurèrent rigides.

Elle ne savait plus que lui dire, à cette enfant qui souffrait comme une femme sans se plaindre et sans pleurer.

Enfin elle eut l'idée de lui parler de Béatrix.

La fibre sensible était trouvée. A ce nom, la faible poitrine de Pauline se souleva, ses narines se gonflèrent, elle leva les bras par un geste de désespoir suprême, et, se laissant tomber sur le parquet :

— Ah ! cria-t-elle, si elle, du moins, m'aimait encore !

Cruelle exclamation que celle-là ! A l'âge où l'on est toujours surabondamment aimé, se plaindre de ne pas l'être, c'est navrant, et Mlle Bruneville se sentit navrée devant l'explosion de ce chagrin d'enfant. Le nom de Béatrix avait rompu la digue, toute la douleur refoulée éclatait avec une violence effrayante, des convulsions ébranlaient ce corps frêle ; des cris aigus, inarticulés, passaient entre les dents serrées. Des larmes vinrent sous les paupières de Mlle Bruneville ; elle prit entre ses bras la petite fille qui n'opposait plus de résistance, la coucha contre sa poitrine et attendit ainsi que la crise nerveuse s'apaisât.

Enfin les convulsions cessèrent, la tête échevelée de Pauline s'appuya inerte sur l'épaule de sa consolatrice, ses grands yeux se fermèrent, on n'entendit plus que de rares sanglots. Au bout d'un quart d'heure de cette sorte de prostration physique, elle se releva elle-même, glissa de dessus les genoux de Mlle Bruneville, mais resta tout près d'elle, l'avant-bras placé sur ses yeux, le geste d'un enfant qui a pleuré et qui a honte.

Et alors s'engagea entre elles un dialogue étrange. Ce n'était pas une femme parlant à une enfant de dix ans; c'étaient deux femmes s'entretenant ensemble.

— Tu crois donc qu'on ne t'aime pas, Pauline? disait Mlle Bruneville.

— Oui, répondit Pauline d'une voix sourde, personne ne m'aime.

— Eh bien! tu te trompes. Béatrix t'aime toujours beaucoup.

— Béatrix ne reste plus avec moi, Madame; elle aime bien mieux aller avec la femme de papa.

— Et pourquoi n'y vas-tu pas toi-même?

— Parce qu'elle ne m'aime pas du tout.

— Quelle idée! je t'assure que je ne vois pas pourquoi, si tu étais gentille pour Clotilde, elle ne t'aimerait pas.

— Je ne suis pas gentille, moi, c'est Béatrix qui l'est.

— Pourquoi ne l'es-tu pas?

— Parce que je suis une vilaine enfant. C'est elle qui l'a dit.

— Qui, elle?

— La femme de papa.

— Dis maman, ma chérie, je t'en prie.

Pauline hocha la tête.

— Si elle a dit que tu étais une vilaine enfant, c'est que tu étais méchante, sans doute.

— Je ne suis pas toujours méchante, Madame, mais je suis toujours bossue.

— Comment, bossue?

— Et parce que je suis bossue, la..... maman ne m'aime pas : c'est si vilain d'être bossu, que cela lui fait honte quand je me promène avec elle.

— Mais, mon enfant, Clotilde n'a pas de ce idées-là, je t'assure.

— Elle l'a dit, et depuis ce jour je la déteste.

Le bras de Pauline s'était écarté de ses yeux,

et sa petite figure pâlie s'était comme empreinte de haine.

Mᵉ Bruneville se sentait découragée. Elle devinait que la petite fille disait vrai, et que Clotilde avait bien pu, sans réfléchir au retentissement que ses cruelles paroles auraient dans le cœur froissé de Pauline, ne pas dissimuler le déplaisir que lui causait son infirmité. Que deviendrait cette semence de haine dans l'âme passionnée de cette enfant, et comment naîtrait, entre ces deux créatures destinées à vivre ensemble, cette bonne intelligence qui est la racine de l'affection?

Elle essaya vainement de faire adopter à Pauline une interprétation moins défavorable de ces mots saisis au hasard. Pauline persista dans son opinion et la défendit avec une opiniâtreté intelligente qui n'était pas de son âge.

Ce qu'il y avait de mieux à faire, c'était d'opérer une diversion. Mᵉ Bruneville répéta sa proposition à l'enfant, qui l'accepta. Elles partirent toutes les deux. En entrant dans le jardin silencieux et frais, la figure souffrante de la petite fille s'épanouit. Elle pressa la main qui tenait la sienne et regarda Mlle Bruneville avec le beau regard qui lui était particulier, regard plein d'âme, et cependant regard d'enfant par sa limpidité et sa suave ignorance.

— Je viendrai souvent vous voir, dit-elle à demi-voix, si vous voulez bien que je vous aime.

Un baiser lui répondit, et cinq minutes après elle vaguait librement dans l'enclos, surveillée de loin par Mlle Bruneville qui travaillait près de la fenêtre de sa chambre. Par cette fenêtre, le regard inspectait le jardin, et Mlle Bruneville pouvait continuer l'étude qu'elle faisait du caractère de la singulière petite fille en la regardant jouer.

En voyant le ruisseau qui courait sans bruit entre les pelouses, elle avait jeté un cri de joie.

— Oh! une rivière! avait-elle dit en s'élançant impétueusement en avant, une rivière qui brille, qui chante, quel bonheur!

Et elle n'avait pas quitté ses bords! Couchée

sur l'herbe, elle s'était longtemps amusée à faire rouler de l'eau sur ses mains, et puis elle avait pris une branche feuillue, et elle la plongeait pour la retirer toute ruisselante. Contrairement aux habitudes ordinaires des enfants qui se meuvent sans cesse, et portent dans leurs jeux une activité dévorante, Pauline avait une manière de jouer toute sédentaire et toute pensive.

Quand Mlle Bruneville lui demanda à quoi elle s'était le plus amusée, elle répondit :

— A voir couler l'eau.

Et cela l'avait en effet prodigieusement divertie.

Le soir, elles reprirent toutes les deux le chemin de l'hôtel de Branefort. Pauline, la physionomie animée, la tournure vive, babillait comme une petite pie, et souriait à tous les passants. Mlle Bruneville n'avait garde de porter atteinte à cette enfantine expansion, et cependant malgré elle sa figure devenait soucieuse à mesure qu'elles avançaient. Elle se disait qu'il était bon de prévenir Clotilde à temps, et elle était résolue à lui faire toucher du doigt, ce soir-là même, les tristes résultats de sa conduite irréfléchie envers l'enfant disgraciée.

On les introduisit dans la chambre de Mme de Branefort. Elle était seule et paraissait d'assez méchante humeur. Elle avait compté sur un plaisir, et, par l'absence fortuite de plusieurs personnes de sa connaissance, le plaisir s'était changé en ennui.

En voyant entrer Mlle Bruneville et Pauline, elle s'écria d'un air surpris :

— Si tard, ma tante! vous la ramenez si tard, mais vous êtes cent fois trop bonne d'avoir supporté si longtemps sa présence.

— Nous ne nous sommes pas du tout ennuyées, répondit Mlle Bruneville en s'asseyant.

— Où est Béatrix, maman? demanda Pauline en s'approchant craintivement de la jeune femme.

— Là où vous devriez être, dans son lit. Est-ce qu'elle a dîné avec vous, ma tante?

— Certainement.

— Alors, Pauline, remerciez mademoiselle, et allez vous coucher.

Pauline alla se suspendre au cou de Mlle Bruneville, qui l'embrassa, en lui murmurant quelques paroles à l'oreille. La petite arrêta sur elle son regard éloquent, et, bondissant vers sa belle-mère :

— Bonsoir, maman, dit-elle en se penchant vers elle.

La jeune femme mit un baiser sur son front, et, comme elle sortait :

— Vous avez donc pu apprivoiser ce petit ours, dit-elle. Voilà la première fois qu'elle m'embrasse d'elle-même.

En devinant chez Clotilde une de ces irritations sans cause bien apparente, qui, en s'adaptant à une disposition antérieurement mauvaise, produisent de véritables révolutions dans les caractères capricieux, Mlle Bruneville s'était bien à regret décidée à remettre ses conseils à plus tard. Clotilde, par cette phrase, amenait tout naturellement la conversation sur ce terrain ; elle crut devoir profiter de l'occasion, et lui parla de ses belles-filles, et de Pauline en particulier.

— Aime-la, dit-elle. Montre-lui que tu l'aimes,

il est temps. Hélas! elle sera peu aimée! et, si tu le veux, tu auras une grande part dans le trésor d'affection que renferme ce cœur d'enfant.

Clotilde l'écouta avec une impatience qui ne demandait qu'à se faire jour. Son ennui s'était insensiblement tourné en aigreur, et elle n'était pas fâchée de trouver un prétexte d'exhaler sa mauvaise humeur.

Elle répondit assez sèchement qu'elle espérait bien savoir par elle-même comment elle devait agir avec ses belles-filles, et que toutes ces choses d'enfants lui semblaient de peu d'importance.

— Aussi ne veux-je que t'avertir de ce que tu sembles ignorer, dit Mlle Bruneville sans s'émouvoir.

— Je n'ignore pas que Pauline est très-exigeante, et qu'elle se montre jalouse de ce que sa sœur m'accompagne partout; mais, en vérité, puis-je mettre en parade ce petit monstre-là?

— Clotilde! Clotilde! si elle ou même son père t'entendait?

— M. de Branefort, ma tante, ne déteste qu'une chose au monde, c'est qu'on se mêle indiscrètement de lui ou des siens.

Le reproche était sanglant et clair. Malgré tout son empire sur elle-même, Mlle Bruneville s'en montra émue. Une teinte rose couvrit ses joues pâles, à cette parole indélicate, et elle se leva.

— M. de Branefort, dit-elle d'une voix calme, ne saurait trouver mon intervention indiscrète, si elle lui était présentée sous son véritable jour; mais, comme mes paroles, en passant par ta bouche, pourraient encourir ce reproche d'indélicatesse que je ne puis mériter, qu'il ne soit plus question de ces choses entre nous. Adieu; quand tu souffriras de ces douleurs que tu te prépares, et que j'aurais voulu t'épargner, tu me trouveras, sans rancune et sans ressentiment, prête à t'aider des conseils de mon expérience. D'ici là, vivons séparées, et puissent mes tristes prévisions ne pas se réaliser! Je le désire de tout mon cœur.

Sur ces paroles elle sortit, laissant Clotilde

toute stupéfaite, et, il faut le dire, tout interdite.

Quelles que fussent sa foi et sa confiance en elle-même, la jeune femme se troublait en se voyant abandonnée par la seule personne qui l'eût aimée sans flatterie et sans faiblesse. Un moment elle eut la pensée de la retenir, de lui demander d'oublier cette insinuation blessante et mensongère : l'amour-propre la retint.

— Vraiment, murmura-t-elle en se levant et en passant sa main blanche dans ses cheveux pour les lisser, je ne dois plus souffrir d'être menée comme une enfant. Ces vieilles personnes prennent des libertés... et, sans façon, voudraient vous imposer leurs idées. J'ai des amis de mon âge qui me suffiront. Qu'elle se fâche ; je ne le regrette pas. Définitivement je suis mariée, et libre.

— Mais certainement, dit une voix.

Clotilde tressaillit, et puis sourit.

M. de Branefort, qui venait d'entrer, l'avait entendue penser tout haut.

— Et qui songe donc à porter atteinte à ta

liberté? reprit-il, toujours sur le ton de la plaisanterie.

— Tout le monde; à commencer par vous, Monsieur, qui ne voulez pas me laisser Béatrix, ma jolie Béatrix.

— Mais, Clotilde, tu n'es pas raisonnable; il est impossible de songer à séparer nos deux filles, à mettre Pauline en pension sans Béatrix; elle en mourrait de chagrin.

— Enfin, vous faites votre volonté, et je la subis en cela, parce que votre autorité, à vous du moins, est légitime.

— Et quelle autorité illégitime a voulu imposer ses lois à ma charmante petite femme?

— Celle de ma tante Bruneville. Je lui ai répondu que désormais j'avais un conseil, que mon mari doit suffire si j'ai besoin de guide, et cela l'a fâchée. J'ai bien fait, n'est-ce pas, Robert?

Et elle alla vers lui, et lui passa câlinement ses deux bras autour du cou.

— Très-bien, répondit M. de Branefort, intérieurement révolté à la seule pensée que quelqu'un osât venir se placer entre sa femme et lui. Je n'aurais pas cru Mlle Bruneville une femme de ce genre; mais, si elle entend se mêler de notre intérieur pour y semer la discorde, bien que je n'aime pas les brouilleries de famille ni d'amitié, je t'approuve d'avoir brisé avec elle.

IV

Neuf années ont passé sur cette petite brouillerie.

En commençant ce chapitre par cette phrase, le lecteur se figure le changement qu'a dû subir chacun des personnages de cette histoire. Celui qui se présente d'abord à lui a peu changé. C'est Mlle de Branefort : sa chevelure grisonnante est aussi épaisse, sa taille aussi droite, sa démarche aussi ferme. Et cependant il y a neuf ans qu'elle a fait à Mlle Bruneville cette description : « Ma maison est vieille, laide, sombre et maussade d'aspect comme sa propriétaire. »

C'est peut-être vrai; mais, comme sa propriétaire aussi, elle paraît d'une solidité à toute épreuve. L'âpre vent de la grève voisine peut, aux plus mauvais jours de l'hiver, frapper en pleine face cette maison de granit; il y a deux siècles qu'elle lui offre ses fenêtres étroites, ses lourds pavillons, et pas une pierre n'a bougé. La ferme touche le manoir; il y a du mouvement, du bruit. Les grilles restent ouvertes ; il n'y a aucune coquetterie pour les alentours ; ce vieux mur garni de lierre enserre le jardin potager dont on ne saurait se passer : voilà tout. Mlle de Branefort a vécu au milieu de cette simplicité ; elle l'aime, et ne changerait pas sa vieille maison, voisine des falaises, pour la villa riante que son frère a fait bâtir aux environs de la ville qu'il habite.

Nous arrivons à Branefort au moment où l'hiver cède, comme à regret, sa place au printemps. Les arbres hâtifs se parent d'un feuillage précoce, tandis que le chêne étend encore dans leur nudité puissante ses branches rugueuses ; la tête verte et feuillue du peuplier devient un lourd panache que secoue rudement un fort vent du nord. Sur le ciel courent de légers nuages gris détachés de la masse imposante des nuages amoncelés ; le vent souffle dans le feuillage des sapins qui, seuls, peuvent, sans mourir, braver la brise dévorante de la mer ; de la Manche s'élève un murmure solennel. C'est triste et charmant à entendre dans une chambre bien close ; mais personne ne songerait à aller affronter ce mauvais temps, et cependant Mlle de Branefort traverse la cour d'un pas résolu.

Elle est coiffée d'un capot d'indienne sombre, recouvert d'une toile cirée qui retombe sur les épaules, et garantit ainsi la tête et le cou ; un manteau incolore l'enveloppe entièrement ; sa robe, relevée, laisse voir ses pieds chaussés de gros sabots ; ses mains ont des gants de laine, et un panier est passé à son bras gauche. Ainsi vêtue, elle traverserait la grève de Branefort, dût la vague affolée lui lancer de loin sa froide écume. Elle fait une visite à ses pauvres, et, pour cela, elle brave l'averse qui est là menaçante, le ent furieux qui fait ployer les arbustes et tournoyer les branches mortes qui jonchent le pavé de la cour. L'ouragan et elles se connaissent, et désormais elle ne redoute pas ses colères. Elle va sans se presser, le visage calme, l'esprit occupé de ce qu'elle veut faire.

A quelques pas de sa maison, une bâtisse nouvelle la fait s'arrêter. C'est elle qui fait construire cette maisonnette. Elle donne un coup d'œil aux travaux, escalade sans peur les monceaux d'argile et de pierre, va donner des ordres aux maçons jusque sur leur échafaudage, et, tranquille de ce côté, continue son chemin. Le but de sa course, c'est ce village bâti derrière les falaises; mais, au moment où elle va s'engager dans le chemin rocailleux qui y conduit, elle s'arrête, pour attendre un homme qui arrive à travers champs, et qui lui a fait un signe. Il approche. Le sac de cuir qui lui pend sur le dos, et sa casquette plate à lisérés rouges, le font reconnaître pour le facteur rural.

— Il y a une lettre pour vous, mamzelle Thérèse, dit-il, et, puisque vous voilà, je n'aurai pas la peine d'aller par Branefort.

Et, après avoir fouillé dans son sac, il lui donne une lettre, salue et s'éloigne.

— C'est des petites, je m'en doutais, dit Mlle de Branefort en regardant l'adresse écrite de cette écriture élégante et correcte particulière aux jeunes filles récemment échappées au maître d'écriture.

Elle marcha vers une croix de pierre qui se dressait à quelques pas, s'assit le dos tourné au vent, se déganta, brisa le cachet et lut l'épître suivante :

« Ma chère tante,

« Béatrix ne veut pas vous écrire ni vous dire la vérité; mais je ne vois pas pourquoi nous mentirions à la seule personne qui nous porte une véritable affection. Aussi je vous dirai, moi, très-franchement, que nous sommes très-malheureuses chez papa. Cette pauvre Béatrix brûlait d'envie de quitter la pension, et moi-même je n'en étais pas fâchée. Ah! si nous avions su ce qui nous attendait, comme nous aurions demandé à y rester ! C'est triste à dire, quand on a dix-huit ans et qu'on retourne chez son père bien chéri ; mais c'est ainsi. Autrefois, pendant nos vacances, quand le pauvre petit Robert, qui est au ciel, nous faisait enrager, que nous voyions bien que papa n'avait d'yeux que pour lui, qu'il était le maître dans la maison, et qu'il avait l'air de nous détester sous l'influence de sa mère, nous nous disions qu'il serait bien désagréable d'habiter toujours avec lui. Depuis sa mort, nous avions pensé que papa reviendrait vers nous, qu'il nous aimerait comme il nous aimait enfants, et il nous aimait bien. Hélas ! c'est tout le contraire. Il nous donne toujours tort, il ne va jamais au fond des choses, et quand nous voulons nous excuser et entamer une explication, il dit que nous lui manquons de respect.

« Au reste, il souffre bien lui-même de l'égoïsme de ma belle-mère, et cela nous donne le courage et la patience de tout endurer sans nous plaindre, pour ne pas augmenter la somme de ses contrariétés. Quand nous le voyons triste, nous laisserions Mme de Branefort dire mille horreurs de nous sans protester. Vous, ma chère tante, qui avez le caractère si ferme et si droit, vous ne pouvez vous figurer ce que c'est que ce caractère-là, surtout depuis la mort de Robert. Son chagrin se change en fiel; elle déteste tout le monde, à commencer par nous. Tout tremble devant elle quand elle a de la mauvaise humeur sur la figure, et quand elle souffre (elle est assez fréquemment malade), personne ne sait quel air prendre. Heureusement qu'elle mange seule dans sa chambre la plupart du temps. Elle se trouve excessivement à plaindre d'avoir un mari si silencieux et des belles-filles si ennuyeuses, et alors elle s'écrie que tout son bonheur s'en est allé avec son Robert. C'est bien aimable pour mon père, n'est-ce pas? Ce que c'est que d'aimer vraiment quelqu'un ! Mon père est soumis à tous ses caprices, nous sommes sans volonté devant elle, et elle ne pense qu'à ce pauvre enfant si mal élevé par elle, qui lui imposait ses fantaisies les plus saugrenues, et qui n'avait pour elle ni obéissance ni respect. En arrivant à la maison,

Béatrix supportait toutes les petites vexations avec une gaieté charmante. Mon père lui avait dit qu'il la mènerait dans le monde cet hiver, et cela la rendait bien heureuse. Il avait été très-bon ce jour-là mon père; il m'avait dit : « Et si cela t'amuse d'aller au bal, ma petite Pauline, tu accompagneras Clotilde et Béatrix. » Elle aurait fait une jolie moue, ma belle-mère, si on lui avait annoncé qu'elle produirait dans le monde cette petite bossue dont la laideur est si choquante. »

Ici, Mlle de Brancfort interrompit sa lecture.
— Bossue, soit, dit-elle tout haut en tournant la feuille, mais joliment aimable et spirituelle !

Et, relevant un peu son capot qui lui couvrait trop les yeux, elle continua :

« Je ne lui ai pas donné le plaisir de rire à cette pensée, mais j'attendais avec impatience le premier bal pour jouir du succès de ma sœur, car elle est bien jolie, aussi jolie que bonne. Quand elle passe, on se détourne pour la voir, et je trouve même que ces marques évidentes de l'admiration publique pour sa beauté contribuent à augmenter l'antipathie de ma belle-mère pour elle. Enfant, elle était sa belle Béatrix, sa jolie Béatrix; à présent, elle lui trouve les épaules hautes, et, à la moindre rougeur qui apparaît sur sa peau si blanche, elle s'écrie : « Qu'avez-vous donc aujourd'hui, Béatrix? votre teint est tout couperosé. »

Mlle de Branefort se mit à rire.
— La maligne pièce! murmura-t-elle.

« Mais je m'écarte du récit que je veux vous faire, ma chère tante. Il était donc convenu que mon père, qui ne se plaît plus qu'à la campagne, n'y mettrait pas les pieds cet hiver, et qu'il recevrait. Ma belle-mère, qui est assez jeune pour aimer encore le plaisir, et qui n'est pas une femme sérieuse du tout, accueille d'abord cette idée avec transport. Son éloignement du monde, qui a duré le temps de son deuil, deux ans, lui pèse. Et puis voilà qu'au moment de se décider, elle nous fait une scène de larmes: — Rouvrir ces salons où a joué Robert! Qui donc aurait cette cruauté?

« — Eh bien! on ne les rouvrira pas, a dit mon père. Béatrix t'accompagnera à la Division, à la Recette générale et chez nos amis.

« Autre exclamation : Béatrix, qui n'avait jamais aimé son frère, irait danser si elle voulait; mais, quant à elle, c'était bien fini, et elle espérait avoir la liberté de passer tout son hiver à la campagne pour pleurer.

« Mon père, lié par ses promesses à Béatrix, et sentant peut-être que nous enfouir à la Villa-Clotilde, l'hiver de nos dix-huit ans, serait un peu égoïste, ne savait comment se tirer de là. Béatrix, bonne comme toujours, s'est empressée de dire qu'elle renonçait de grand cœur à tous ces plaisirs, et le départ pour la campagne a été résolu. Nous y avons passé un triste hiver avec ma belle-mère, s'ingéniant pour nous tourmenter, et mon père toujours froid et défiant envers nous, qui l'aimons tant pourtant. D'après ce qu'elle lui raconte, nous devons être des monstres à ses yeux, et comment oser dire : « Elle ment? » Que Dieu nous donne la force de lui pardonner, et éloigne de nous les mauvais sentiments.

« A la ville, c'est moi qu'elle recherche ; à la campagne, c'est Béatrix. Béatrix n'ose ni blâmer ni contredire ; moi, je le fais. Quand je la vois négliger sa maison, je me fais l'écho des plaintes générales. Si je n'étais pas ici, les gens de service manqueraient la messe le dimanche bien souvent, et pas une prière ne s'élèverait de cette maison. Béatrix et moi avons demandé comme une faveur de dire la prière en commun, et, comme les domestiques s'y prêtent de bonne grâce, c'est une habitude prise. M*me* de Branefort n'y assiste jamais. Entendre parler patois lui prend sur les nerfs. Je ne sais pas dans quelle langue elle s'adresse au bon Dieu, mais il faut qu'elle oublie de lui demander un peu de justice et l'amour de la vérité.

« Je vous ai dit tout ce que j'ai sur le cœur, chère tante ; et, d'ailleurs, je ne vous apprends rien de nouveau ; vous avez vu par vous-même ;

et je sais que, s'il y a trois ans que nous n'avons eu le plaisir de vous embrasser, c'est parce que vous n'avez pu retenir l'expression de votre mécontentement. Déjà trois ans! c'est long. Maintenant, j'arrive à la demande que je veux vous adresser, malgré Béatrix.

« Dans dix jours il y a un grand bal chez le receveur général; je veux que Béatrix y aille; et pour cela il faut que vous quittiez Branefort pendant huit jours, et que vous veniez faire à Mlle Bruneville la visite que vous lui avez promise il y a huit ans. Papa, étant à la campagne, ne pourra se formaliser de vous voir descendre chez une autre que chez lui. Une fois arrivée, vous lui proposerez de vous charger de Béatrix, et tout s'arrangera. Mme de Branefort n'aura pas à objecter son propre chagrin, puisqu'elle ne sera pas forcée d'assister à cette fête, et Béatrix s'amusera. Cela paraît bien frivole, n'est-ce pas, de déranger une femme de votre âge pour un bal? Pour mon compte, je trouve que cela ne vaut pas la peine; mais aussi je ne suis pas Béatrix. Dieu nous accorde des grâces suivant notre position. Je ne désire en aucune façon ces plaisirs dont ma laideur me prive. Mais Béatrix! on la désire, on l'invite; ses amies la pressent; et elle aime tant à danser! Vous allez la trouver bien embellie. Elle est belle, gracieuse, spirituelle, et son cœur n'a pas changé. Chère tante, faites-nous cet immense plaisir-là, et vous aurez encore plus de droits à l'affection de celle qui, ne pouvant plaire, a du moins le droit d'aimer de tout son cœur.

« Votre nièce affectionnée,

« Pauline. »

La lettre était lue. Mlle de Branefort se leva et reprit à grands pas le chemin de Branefort. Sur sa route, elle rencontra une mendiante sa besace sur le dos.

— Cateau, lui dit-elle en breton, vous allez porter ce panier, de ma part, à Marie, la femme du charpentier. Vous lui direz que je vais faire un petit voyage, mais qu'elle peut envoyer un

5.

de ses enfants tous les jours à Branefort chercher du bouillon.

— Je le lui dirai, et Dieu vous bénisse, chère mamzelle! répondit la pauvre femme en faisant passer du bras robuste de Mlle Thérèse à son bras débile le panier rempli de provisions.

Et elles se séparèrent. En arrivant chez elle, Mlle de Branefort se rendit dans une salle du rez-de-chaussée. Il était tout gai, ce vieil appartement, avec son grand feu de bois de sapin qui pétillait si joyeusement. Contre la cheminée était posée une petite table, et deux vieillards, dont l'un portait une soutane, y jouaient gravement aux échecs. Assise auprès de la fenêtre, une femme plus jeune travaillait à un ouvrage de couture.

— Mon oncle et vous, monsieur le recteur, un instant! dit Mlle Thérèse. Je viens de recevoir une lettre de Pauline. Il y a longtemps que je promets à mes nièces d'aller les voir, je me décide à partir.

— Tout le monde se porte bien? demanda l'oncle.

— Oui. Il paraît que Béatrix est jolie comme un ange, et qu'il faut que je sois là pour qu'elle s'amuse. A dix-huit ans, il est bien permis de s'amuser un peu, en tout bien tout honneur, n'est-ce pas, monsieur le recteur?

— Sans doute, dit le bon prêtre avec un sourire; on se récrée à tout âge. Que faisons-nous, M. de Branefort et moi, en ce moment, que nous distraire, lui de sa goutte, moi des fatigues de mon ministère?

— Ainsi, c'est pour Béatrix que tu vas...?

— Oui; je dois la conduire au bal.

— Où tu n'as jamais voulu aller de bonne grâce pour ton propre compte. C'est beau, cela, Thérèse, et j'ai bien envie de te faire cadeau d'une toilette de bal, car...

Le vieillard regarda sa nièce du haut en bas, et se mit à rire.

— A mon âge, dit Mlle Thérèse, c'est une très-petite question. Ma robe de moire verra le jour : c'est tout ce que je puis faire.

— C'est égal, il faudra bien quelque bout de

dentelle ou de ruban, et tu es si économe ! J'ai deux cents francs dans le tiroir de mon bureau, prends-les.

— Je ne les prendrai vraiment pas.

— Si, te dis-je ; si ce n'est pas pour toi, que ce soit pour les fillettes. J'ai bien envie de la voir, cette petite Béatrix ; je suis sûr qu'elle ressemble à ma grand'mère, qu'on appelait la belle Branefort.

Toutes les jolies femmes, les brunes et les blondes, avaient généralement quelque rapport avec cette beauté de famille ; et comme cette fois cela pouvait bien être, Mlle Thérèse ne répliqua pas, et, s'approchant de sa sœur, qui cousait toujours, elle lui frappa sur l'épaule, et se mit à lui parler par signes. Cette conversation ne dura pas longtemps, et elle sortit du salon en annonçant que, pour prendre la diligence ce jour-là même, elle partirait dans une heure. Une heure plus tard, en effet, elle montait dans le cabriolet traîné par un cheval aux formes épaisses, plus fort qu'élégant, qui devait la conduire à la ville voisine. Une malle avait été assujettie à l'arrière, et dans cette malle se trouvait soigneusement pliée la robe de moire, qui, depuis un grand nombre d'années, vieillissait tout doucement au fond des tiroirs de sa maîtresse.

V

Mlle Bruneville n'éprouva pas un médiocre étonnement le lendemain soir quand la porte de son salon s'ouvrit devant Mlle de Branefort.

— Vous ici, Thérèse! s'écria-t-elle.

— Moi, Fanny; et devinez pourquoi?

— Mais pour me voir, pour voir votre famille.

— Sans doute; mais ajoutez en plus pour aller au bal.

Le calme sourire de Mlle Bruneville se changea en un franc éclat de rire.

— Je viens au bal, disait Thérèse de sa grosse voix, le chapeau enfoncé sur le front, son sac de nuit sous le bras, dans sa tenue de voyageuse enfin, qui ne valait guère mieux que sa tenue de campagne.

— Vous supposez bien que ce n'est pas comme danseuse que je viens au bal, reprit-elle gaiement; mais il me prend envie de me rasseoir une fois sur vos banquettes de velours, de jouer un soir le rôle de tapisserie.

— Ah! je devine. Vous venez au bal pour le compte de vos nièces, qui vous ont parlé de la fête que doit donner notre receveur général.

— Précisément. Vous avez, ma chère Fanny, une pénétration exquise; et pourtant vous vous êtes, une fois en votre vie, bien complétement trompée sur un caractère. Vous rappelez-vous notre conversation d'il y a huit ans?

— Hélas! oui, je me la rappelle.

— Elle s'améliorera, disiez-vous en me citant votre fameux proverbe : mieux vaut tard que jamais.

— Je le dis peut-être encore, et je le répète. Un grand malheur, la mort de son fils, a porté le premier coup à sa fatale insouciance.

— Dites qu'il a augmenté sa malice, aigri son caractère, altéré son humeur.

— Momentanément, oui; mais, sans le savoir, elle se trouve dans une phase de transition. Je l'attends au moment où, ayant fait litière de son bonheur intérieur, et négligée par le monde qu'elle n'occupera plus par sa grâce, elle se trouvera en face de la vie réelle, sans appui, car l'égoïsme révolte; sans consolation, car elle n'a pas d'amis; sans espérance, car elle n'a pas d'enfants. Ah! Dieu tire parfois de merveilleux résultats de ces désolations intimes dont seul il connaît bien la profondeur.

— Fanny, vous philosophez admirablement et chrétiennement; mais je ne vous crois plus. Mes nièces sont malheureuses comme les pierres avec cette femme, voilà le fait; après cela, tous les discours sont superflus.

— Surtout après quarante lieues de voyage. Je vais vous montrer votre appartement, Thérèse, et vous commander à dîner; après, nous causerons.

Et quelques minutes plus tard elles causaient

dans le salon coquet. On avait ouvert la porte au soleil, qui, au dehors, séchait les fleurs et les plantes mouillées par les pluies des jours précédents, et la vue du ciel épuré réjouissait fort Mlle Thérèse, qui n'oubliait jamais ses intérêts agricoles.

— Si, comme je l'espère, il fait ce beau temps-là à Branefort, dit-elle, on pensera à semer les orges.

— Il a dû vous en coûter de quitter Branefort en ce moment important, dit Mlle Bruneville.

— Cela me coûte toujours de quitter mon vieux nid, Fanny; outre que mes intérêts matériels en souffrent, mon oncle ne s'entendant pas aux travaux de la campagne, je suis très-nécessaire à ma pauvre sœur. Quand je ne suis pas là, son isolement est complet, car elle ne comprend personne et personne ne la comprend. Mais je sais que mon voyage procurera un bonheur à mes nièces, et elles ont si peu de bonheur que je n'aurais pas voulu refuser de venir.

— Est-ce Béatrix qui vous a écrit?

— Non, c'est Pauline.

Et, comme Mlle Bruneville la regardait d'un air étonné, elle ajouta :

— Cette enfant aime tant sa sœur qu'elle désire plus vivement qu'elle, en quelque sorte, un plaisir qu'elle ne pourra partager.

— C'est bien cela. Je craignais que Pauline n'eût le caractère jaloux ; je me suis trompée.

— C'est comme moi. Tant que Mme de Branefort a fait semblant d'aimer Béatrix, Pauline, sensible à cette injustice, avait quelquefois des accès de jalousie, les caresses qu'on prodiguait à Béatrix ne faisant que mieux ressortir l'indifférence qu'on avait pour elle. Mais, depuis la naissance de l'enfant qui a été exclusivement aimé, l'indifférence est aussi devenue le partage de Béatrix, et Pauline s'est mise à aimer passionnément sa sœur. Elles ne font qu'un cœur et qu'une volonté, ce qui dépite fort leur belle-mère. Y a-t-il longtemps que vous ne les avez vues, Fanny ?

— Oui. Depuis le jour où Clotilde confondit mes conseils désintéressés avec la curiosité indiscrète qui pousse certaines femmes à se mêler de ce qui ne les regarde pas, nous ne nous sommes fait que des visites de cérémonie. Quand elle m'a conduit ses filles, je ne me trouvais pas chez moi, mais j'en ai beaucoup entendu parler.

— Qu'en dit-on?

— Beaucoup de bien. Le monde, qui a l'esprit malin et le regard clairvoyant, a trouvé étrange la séquestration de cet hiver. On a rappelé qu'autrefois Mme de Branefort, pour ne pas manquer une fête, laissait son mari s'en aller seul à la Villa-Clotilde, s'il y avait affaire. Les amies des petites ont parlé, elles ont dit que Béatrix avait toujours pensé faire son entrée dans le monde cette année, et dans le monde on commence à chercher querelle à la belle-mère. Et puis, vous savez combien il est parfois cruel, ce monde élégant. Clotilde, pour lui, c'est le passé, c'est-à-dire l'usé, le fané; Béatrix, c'est le présent. Or, il tient beaucoup à se parer de cette jolie fleur qui est dans tout son éclat, et il murmurera contre ceux qui l'en priveront.

— Ah! par exemple, je m'inquiéterais peu de ses murmures, si c'était par goût que Béatrix se privât de ses fêtes. Avec une belle-mère si peu raisonnable, il n'est pas étonnant que la petite ait l'esprit tourné à la mondanité. Et puis, définitivement, à cet âge on aime le mouvement, la danse, les fêtes, et quand surtout l'intérieur n'est pas agréable, on se jette au dehors.

— Mon Dieu! Thérèse, par leur position, vos nièces sont appelées à figurer dans le monde, et il est tout naturel qu'elles y aillent. Béatrix, que certains succès attendent, ne s'en fera pas, je l'espère, une nécessité.

— Elle ne ferait, dans tous les cas, que suivre les exemples qu'elle a sous les yeux. Ma belle-sœur, qui est si charmante dans le monde, est d'une nullité parfaite dans son intérieur.

— Elle a été mal élevée, cela l'excuse jusqu'à un certain point.

— Comment! vous la défendez encore!

— Je ne défends pas la conduite qu'elle tient à l'égard de ses belles-filles; mais, comme je ne la crois pas foncièrement méchante, et que je sais qu'on a flatté en les satisfaisant tous les caprices de son caractère, j'espère qu'elle se rendra enfin à l'évidence. La vie pour cette pauvre femme a été un jeu jusqu'à la mort de son enfant. Un moment j'ai cru que ce sévère avertissement lui ouvrirait les yeux. Sa physionomie éventée avait pris ce je ne sais quoi de réfléchi qui, aux heures de solitude, s'imprime sur le visage après ou même pendant la première jeunesse; et puis, ses propres pensées l'effrayant, elle a préféré s'étourdir et s'étourdir encore. Elle voudrait aimer ses belles-filles et s'en faire aimer, et, ne sachant où prendre le courage qu'il faudrait pour cela, elle se livre au triste plaisir de leur faire subir mille petites vexations. Elle n'a sur elles qu'une supériorité en quelque sorte matérielle, elle la leur impose. Quand elles désirent rester à la ville, elle va à la campagne; quand une chose ou une personne leur plaît, c'est un motif pour que cette chose ou cette personne lui déplaise. Cela se raconte, et voilà pourquoi l'opinion publique lui est défavorable. Son mari est intelligent, ses filles sont intelligentes, et, au lieu d'essayer par l'étude et de bonnes lectures de s'élever à leur niveau, elle aime mieux rabaisser ces esprits au niveau du sien en leur interdisant toute conversation qui ne roule pas sur les petites nouvelles, les petites critiques, les petits intérêts. Elle a été jalouse de Pauline : la manière dont elle en parlait le témoignait hautement ; elle est à la veille d'être jalouse de Béatrix, et ce dernier sentiment produira des choses fâcheuses. La passion s'en mêlera tout de bon. La jalousie que lui faisait éprouver l'esprit dont Pauline est douée était quelque chose de vague, d'instinctif ; cette enfant lui est supérieure, mais elle ne définissait pas bien elle-même en quoi. Ici, ce sera tout différent. La beauté de Béatrix se voit et se prouve ; si elle ne l'aime pas assez pour se réjouir des succès de la fille de son mari, elle va en éprouver une jalousie de femme, qu'elle sera forcée, par orgueil et par respect d'elle-même, de dissimuler, mais qui éclatera sous une forme ou sous une autre. Vraiment, quand on n'oppose pas une digue salutaire aux mauvais sentiments ; quand, par conscience, on ne les domine pas, ils produisent d'effroyables ravages dans les cœurs et dans les familles. Je suis enchantée que Béatrix ne fasse pas son entrée dans le monde avec sa belle-mère. Les mettre en présence sur ce terrain serait préparer de nouvelles discordes, creuser l'abîme qui les sépare.

— Voilà pourquoi je vous disais, il y a huit ans, dans la prévoyance de ce qui arrive : « Dans dix ans ces jeunes filles auront pour belle-mère une jeune femme. » Ah! si j'étais libre, je les emmènerais tout de suite à Branefort, et pourtant, mon Dieu! je ne me le dissimule pas, ce serait une triste résidence pour des jeunes filles : un intérieur composé de vieilles gens, une maison sur des rochers, et pas de voisins.

— Mais elles vivraient en paix.

— Ah! oui! je reste la maîtresse chez moi, l'ordre y règne, mais je n'impose mes goûts à personne, et que le temps soit au soleil ou à la pluie, mon humeur ne varie pas.

— En ce cas, vous n'avez pas changé, Thérèse; mais dites-moi, comment vous y prendrez-vous pour faire venir vos nièces?

— Je les demanderai tout simplement à leur père.

— Ne tardez pas trop alors, je vous le conseille, il faut du temps pour préparer les toilettes. Cette question pour une jeune fille a son importance.

— C'est vrai. Quant à l'invitation, je la regarde comme faite. J'irai chez Constance Dormur et je lui dirai : « Tu donnes un bal, je m'y invite. »

— Entre amies cela se fait ainsi. Voulez-vous écrire maintenant, Thérèse, et envoyer par un exprès votre lettre à la Villa-Clotilde?

— Je ne demande pas mieux. S'il fait des façons pour accepter, je prendrai une voiture et j'irai moi-même demain. Aujourd'hui, franchement, je me sens fatiguée.

— Voilà sur cette table tout ce qu'il faut pour écrire; je vais faire chercher un exprès, car le facteur rural n'allant, je crois, que tous les deux jours dans la commune où se trouve la Villa-Clotilde, cela nous donnerait trop de retard.

Mlle Bruneville sortit, et Thérèse de Branefort, se plaçant devant la table, écrivit d'une écriture large et ferme le billet suivant :

« Je me suis enfin décidée, mon cher Robert, à venir passer quelques jours chez Fanny Bruneville; il y a assez longtemps que je le lui promets. Le voyage m'a un peu fatiguée, et c'est pourquoi je t'écris. J'ai une grâce à te demander. Constance Dormur donne un bal superbe dans huit jours. Si Clotilde n'y vient pas et que cela amuse ta fille Béatrix, que par parenthèse on dit charmante, je l'y conduirai. Je ne suppose pas que la fillette refuse : donc, je regarde cela comme arrangé.

« Tout le monde est bien à Branefort; la récolte s'annonce bonne. A bientôt.

« Ta sœur affectionnée,

« THÉRÈSE. »

« *P. S.* Que ces dames traitent entre elles la question de la toilette, je ne m'en mêle pas. »

Sur cette dernière réflexion, Mlle Thérèse mit sa lettre sous enveloppe et écrivit l'adresse.

En ce moment Mlle Bruneville rentrait suivie de sa femme de chambre. L'exprès attendait. La missive lui fut remise, et, pendant qu'il chevauchait vers la Villa-Clotilde, les deux amies reprirent, en même temps que le travail facile des doigts, qui n'embarrasse ni n'asservit la pensée, cette conversation intime dont l'esprit et le cœur font les frais, et sur laquelle se projetait pour elles l'ombre charmante et mélancolique du souvenir.

VI

M. de Branefort, après avoir mené jusqu'à quarante ans une vie oisive, s'était tout d'un coup aperçu que cette oisiveté lui devenait de plus en plus pesante. Un peu lassé du monde, voyant se maintenir, entre sa femme et lui par la différence des goûts, la différence d'âge qui existait entre eux, et qui aurait pu être peu sensible à l'heure présente, il n'aspirait plus qu'au calme absolu des champs. Les hommes qui se sentent vieillir éprouvent souvent à la fois ce besoin de repos, mêlé à une sorte d'activité physique tardive qui les dévore. Il s'occupait donc beaucoup d'une petite industrie dont il voulait doter son pays, et passait une grande partie de l'année à la Villa-Clotilde, une jolie maison de campagne du plus riant aspect, où il se fût trouvé presque complétement heureux si le bon accord eût existé entre sa femme et ses filles, et si son goût nouveau pour la retraite fût devenu le leur.

Nous allons devancer l'exprès envoyé par Thérèse de Branefort, et voir un peu ce qui se passe à la Villa-Clotilde. Il est dix heures du matin. Dans un salon, dont la fenêtre ouvre sur les pelouses veloutées d'un jardin anglais, travaillent deux jeunes filles : ce sont les deux enfants avec lesquelles nous avons fait connaissance au début de cette histoire.

Béatrix, debout devant une glace, ajuste à sa taille élancée une veste zouave dont Pauline reprend les coutures, et dans le miroir se reflètent leurs deux visages. Béatrix est une ravissante fille de dix-huit ans : la jeunesse resplendit en elle ; ses traits sont harmonieux et distingués, sa taille sans défauts ; des cheveux et des sourcils noirs sur un front d'albâtre, un coloris brillant sur les lèvres et les joues, fondu dans la neige de la peau, rendent sa beauté éclatante.

Pauline, à dix-neuf ans, ne rappelle en aucune façon l'enfant chétive et malingre que nous avons connue. Elle s'est mal développée, mais elle s'est développée. C'est une bossue vigoureuse. Sur la taille exiguë, déformée, sur les épaules d'une carrure puissante, est posée sans grâce une tête d'une disproportion choquante, mais qui ne manque pas d'une certaine beauté. Cette figure blanche, animée, éclairée, illuminée par deux grands yeux intelligents et rêveurs, a un charme tout particulier.

En ce moment Pauline reprenait avec une remarquable adresse ce que le petit vêtement essayé par sa sœur avait de défectueux.

— Baisse-toi, disait-elle. Il y a un pli sur l'épaule, il faudra reprendre la couture.

Et comme, bien qu'elle se dressât sur la pointe des pieds, et qu'elle allongeât le plus possible ses bras et ses longues mains osseuses, elle ne pouvait atteindre facilement à l'épaule de Béatrix, qui pourtant renversait en arrière sa taille souple, celle-ci se laissa tomber sur un genou et dit en riant :

— Là, suis-je bien ainsi?

Et Pauline, après l'avoir regardée un instant avec une admiration mal dissimulée, répondit avec un demi-sourire :

— Très-bien.

Après la veste, ce fut le tour d'une résille que Pauline voulait orner d'un ruché. Il fallait voir avec quel art elle disposait sous les mailles les beaux cheveux lustrés, comme elle faisait valoir leurs coquettes ondulations.

— Auras-tu bientôt fini, Pauline? demandait Béatrix de temps en temps.

Mais Pauline ne se pressait pas, elle voulait rendre seyante et gracieuse cette coiffure qu'elle imaginait pour sa sœur, et elle prenait son temps.

— Voici maman! dit enfin Béatrix en se relevant vivement; elle va gronder, nous avons encore sali le salon.

En effet, des brins de soie et de petits morceaux de ruban marquaient la place des essais.

Pauline se courba, prit rapidement entre ses doigts ce qu'il y avait de plus apparent, et le jeta par la fenêtre ouverte. Comme elle se rasseyait, la porte s'ouvrit, et une femme entra.

Il y avait dans ce salon un portrait à l'huile représentant Mme de Branefort à vingt-deux ans ; elle en avait trente, et personne, au premier coup d'œil, n'aurait pensé qu'il avait en présence la copie et l'original. La copie avait éternellement pour elle l'opulente chevelure blonde, la fraîcheur éclatante, la forme gracieuse et jeune, les contours arrondis ; l'original avait perdu tout cela. Cette jolie Clotilde, dont la grâce et la gentillesse, unies à vingt ans, avaient usurpé un moment le nom de beauté, n'était plus que l'ombre d'elle-même ; et, comme elle n'avait ni véritable élégance dans la taille, ni l'éclat intelligent des yeux qui fait durer la jeunesse, ce n'était plus qu'une petite femme au teint plombé, d'assez vulgaire tournure, d'une maigreur excessive, et qui ne rappelait en rien la Clotilde que chacun se rappelait avoir connue si séduisante à quelques années de là. Et qu'avait-il fallu pour détruire cette beauté de convention? Un grand chagrin et deux maladies graves, après lesquelles elle était demeurée d'une santé délicate et d'une humeur sombre ; Clotilde, la rieuse, la fraîche, l'insouciante Clotilde, était définitivement remplacée par une femme débile, fanée, à la physionomie souffreteuse et inquiète, à l'air ennuyé.

Elle répondit en bâillant au bonjour que lui adressèrent ses belles-filles, et alla s'asseoir dans un fauteuil placé près de la fenêtre ouverte. Elle resta là une demi-heure, regardant sans la voir la riche campagne qui déroulait sous ses yeux ses prairies, ses champs aux sillons bruns, ses arbres au feuillage naissant.

Béatrix et Pauline travaillaient en silence.

— Que fais-tu là, Béatrix? demanda enfin Mme de Brancfort.

— Une veste, maman, répondit la jeune fille, qui se leva avec empressement et s'approcha d'elle pour la lui montrer.

— Une veste? Cela est très-mal porté. Et Pauline s'en fait-elle une aussi?

La question était au moins maladroite, ces vêtements de fantaisie ne pouvant s'ajuster sur la taille contrefaite de la jeune fille.

— Non, Pauline ne s'est occupée que de moi, répondit Béatrix en se rasseyant.

— Laquelle de vous a joué du piano ce matin? demanda encore Mme de Branefort, qui avait évidemment envie de gronder.

— C'est moi, dit Pauline sans lever les yeux.

— Je m'en doutais; tu choisis toujours ce moment pour ce tapage musical qui me porte horriblement sur les nerfs. Je dors cependant si peu, que je serais bien en droit de demander qu'on respectât mon sommeil.

Cette dernière phrase, prononcée de ce ton aigre-doux particulier aux gens dont la mauvaise humeur ne cherche qu'une issue, ne put recevoir de réponse. M. de Branefort entrait en ce moment. Lors de son mariage avec Clotilde, ceux qui l'avaient blâmé alléguaient une trop grande différence d'âge entre eux. Par le changement prématuré de la jeune femme, cette différence paraissait ne plus exister. Ces quelques années écoulées, qui avaient flétri la beauté de la femme, avaient à peine éclairci sur le front du mari ses cheveux noirs mêlés de cheveux gris.

Il tenait une lettre dépliée à la main.

— J'ai une étrange nouvelle à vous annoncer, dit-il ; Thérèse est à Mellac.

Un cri d'étonnement échappa à Béatrix ; Mme de Branefort le regarda, profondément surprise aussi ; une singulière expression de joie contenue parut sur la figure de Pauline.

— Voici ce qu'elle m'écrit, reprit-il.

Et il lut en partie le court billet écrit par Mlle de Branefort.

Les trois femmes avaient écouté avec un égal intérêt, et leurs visages exprimèrent des impressions bien différentes. Une froideur de mauvais augure se lisait sur les traits de Clotilde. Pauline souriait en regardant Béatrix. Béatrix, oh ! Béatrix avait les joues pourpres et sa respiration s'accélérait. Il n'y avait pas de quoi cependant, penseront les gens raisonnables, aucun intérêt bien sérieux n'était en jeu. O vous qui pensez sagement cela, revenez à dix-huit ans, rappelez-vous votre premier bal, votre première fête, votre apparition dans ce monde dont vous aviez entendu parler. Béatrix, malgré sa beauté, peut-être même à cause de sa beauté, n'était pas coquette, elle ne pressentait pas des succès, elle ne définissait pas ses désirs et ses regrets. Ce qu'elle voulait, c'était entrer un soir dans un salon brillant de lumière; c'était poser sur son front une de ces ravissantes couronnes de fleurs qu'elle avait vu parer d'autres fronts; c'était pouvoir se mêler à ces petites conversations qui naissent au lendemain d'un bal parmi les jeunes filles qui y ont assisté; enfin, c'était danser. Et à dix-huit ans on aime à danser, à remuer, à paraître; on aime le bal quand le bal est là devant vous, le sourire aux lèvres, les mains pleines de fleurs, séduisant, entraînant, sollicitant votre jeunesse, flattant votre beauté, faisant sonner à votre oreille tendue ses grelots dorés, qui sont bien, si l'on veut, les grelots de la folie, mais d'une folie mesurée, pimpante, raffinée, d'une folie de bonne compagnie enfin. Et le son de ces grelots-là trouve de l'écho dans tous les cœurs inexpérimentés de dix-huit ans; toutes ces mains impatientes se tendent pour cueillir cette fleur éphémère du plaisir, qui est tout à la fois simple parfum ou poison mortel, selon la manière dont on en respire l'arome.

— Je savais votre sœur originale, Robert, dit Mme de Branefort, prenant enfin la parole, mais, je l'avoue, je n'aurais jamais cru qu'elle poussât la singularité jusqu'à rentrer dans le monde à son âge. Elle y fera la plus drôle de figure!

— Ma tante Thérèse a pensé à Béatrix, dit Pauline d'une voix légèrement émue.

— Mais Béatrix, qui a refusé d'aller dans le monde cet hiver, ne va pas se lancer dans cette queue de carnaval, je suppose? repartit vivement la jeune femme.

— Elle n'a pas voulu y aller parce que vous desiriez passer l'hiver à la campagne, ma mère, continua héroïquement Pauline, qui, n'éprouvant pas le genre d'émotion qui faisait battre le cœur de sa sœur, défendait pied à pied ses intérêts en ce moment critique.

— Allons, encore des paroles inutiles, dit M. de Branefort avec impatience. Je ne veux savoir qu'une chose, Mesdemoiselles. Désirez-vous profiter de l'offre de votre tante?

Le ton dont la question était posée n'avait rien d'engageant. M. de Branefort avait plutôt l'air d'un homme qui a hâte de s'acquitter d'une commission désagréable, que l'air d'un père saisissant avec joie l'occasion de faire plaisir à ses enfants. Cette question avait, au commencement de l'hiver, soulevé tant de difficultés dans son ménage, il s'était trouvé si embarrassé entre sa femme et ses filles, qu'il redoutait tout retour vers ce sujet de discorde. Mécontent, d'ailleurs, de voir se perpétuer le désaccord entre celles dont il avait rêvé la parfaite union, ne sachant trop au juste de quel côté étaient les torts, ne désirant en aucune façon aller au fond de cette très-délicate question pour ne pas avoir à blâmer catégoriquement, il commençait à se laisser influencer par les plaintes de sa femme et à en vouloir secrètement à ses filles de ne pas savoir se faire aimer de leur belle-mère. Cette irritation allait grandissant. Tout entier aux malentendus, aux querelles, à l'ennui du présent, il oubliait injustement le passé, et ne se souvenait plus de tout ce que Clotilde lui avait fait souffrir par son caractère capricieux et égoïste et sa légèreté d'esprit, avant que ses filles fussent sorties de pension.

— Si nous n'avions pas vu, de nos yeux vu, disait parfois Pauline, nous penserions que mon père habitait le paradis terrestre avant que nous fussions venues transformer sa maison en enfer.

Béatrix, au seul son de la voix de son père, sentit sa joie intérieure se fondre, et des larmes involontaires montèrent à ses yeux.

— Béatrix, ceci te regarde, dit Pauline, fixant sur le visage bouleversé de sa sœur ses yeux limpides, comme pour l'encourager.

— Je ne demanderais pas mieux que d'aller à ce bal, répondit Béatrix en hésitant, si... si...

— Si quoi? demanda M. de Branefort.

— Si cela ne vous contrarie pas, mon père.

— Et en quoi cela me contrarierait-il? répondit M. de Branefort d'un air excessivement contrarié. Ce que je demande, c'est si tu veux y aller ; je ne suis pas un ogre ni un mauvais père, et, en vérité, je ne sais pas pourquoi l'on tremble de me dire une chose aussi simple que celle-là.

— Papa a raison, dit Pauline avec fermeté. Si je pouvais accepter cette invitation, je l'accepterais tout franchement. Enfin, Béatrix, décide-toi. Puisque c'est ma tante qui te chaperonne, tu ne déranges papa en aucune façon. Dis oui ou non, pour en finir.

— Eh bien! oui, dit Béatrix timidement.

— Et toi, Clotilde, n'as-tu pas le désir d'y aller, à ce bal? demanda M. de Branefort.

— Mon Dieu! non. Pour un bal se déranger ainsi, cela ne serait guère raisonnable à ce moment de la saison.

— C'est pardieu vrai!

— Et puis, je sais que tu n'aimes plus le monde, et que cela t'ennuierait très-fort de m'y conduire.

— Ah! quant à cela, ce sera un ennui que je prendrai ; ainsi, que cela ne te retienne pas. Je ne trouve pas convenable que Béatrix fasse son entrée dans le monde, sans l'un de nous deux. Maintenant, vous avez vu ce que Thérèse dit pour la toilette. Et, à propos de Thérèse, il serait bon que nous allassions lui faire une petite visite.

— Et la remercier de son dévouement, ricana Clotilde.

— C'en est un à son âge et avec ses goûts, répliqua M. de Branefort, qui feignit de ne pas deviner l'ironie. Béatrix, va écrire un mot à ta tante, et dis-lui qu'elle nous verra tous demain.

Béatrix sortit, et dix minutes plus tard l'exprès repartait avec la réponse.

Le lendemain, on alla faire la visite projetée. Béatrix et Pauline avaient demandé qu'on les laissât toute l'après-midi avec leur tante, pour l'importante acquisition de la toilette de bal.

Il était nuit quand M. de Branefort vint les chercher chez Mlle Bruneville.

Et comme on lui faisait part des craintes que l'on avait eues de retarder son départ pour la Villa-Clotilde :

— Nous n'avions garde d'être prêts de bonne

heure, répondit-il. Clotilde a fait une foule de visites et de commissions. Elle aurait bien pu cependant en remettre une partie ; car, si, comme je le crois, elle se décide à venir à ce bal, nous ne pourrons guère nous dispenser de venir passer une huitaine en ville.

Personne ne manifesta d'étonnement à cette nouvelle inattendue ; mais Mlle de Branefort ne put s'empêcher de dire avec son haussement d'épaules :

— Allons, ta femme ne sait ce qu'elle veut ; si elle avait annoncé cela ce matin, je n'aurais pas mis dans des babioles et des fanfreluches un argent qu'il m'eût été si agréable d'employer plus utilement.

VII

L'hôtel de Branefort s'illuminait du rez-de-chaussée aux mansardes. Il y avait quatre jours qu'il était habité, et à cette heure de la soirée on commençait les toilettes de bal. Grâce à cela, il y avait de la lumière partout. Au premier étage, où étaient situés les appartements de Mme de Branefort, on s'habillait en silence. Deux servantes allaient et venaient pour le service de la jeune femme, qui se complaisait dans la contemplation de sa riche toilette éparse çà et là. Quand la porte du cabinet de toilette de son mari se refermait, quand par hasard les deux caméristes disparaissaient ensemble, elle saisissait précipitamment un miroir ovale posé sur la cheminée, s'y regardait, et un demi-soupir lui échappait, et un voile d'humeur s'étendait sur ses traits. Alors, pour secouer la pensée que faisait naître cet examen implacable, elle reculait devant la haute glace de l'armoire, se parait d'un objet de la toilette qu'elle allait revêtir, et, de cette distance, se jugeait beaucoup moins défavorablement. Il y avait trois ans qu'elle n'était allée au bal; il y avait trois ans qu'elle y avait eu des succès, qu'elle avait compté, comme toujours, parmi les danseuses en vogue, et elle ne voulait pas déchoir. Or, bien qu'elle s'abusât sur le changement que ces trois années avaient opéré sur sa personne, elle s'avouait à elle-même qu'il était parfois très-saillant. Cette pensée lui était souverainement amère; elle était habituée aux triomphes que lui avait valus sa beauté factice, et elle ne comprenait pas le bal sans ces triomphes. Du reste, à part cette crainte secrète, inavouée, qui lui faisait regarder à la loupe, pour ainsi dire, tous les traits de son visage, elle ne s'arrêtait pas à la pensée que l'épreuve qu'elle tentait sur le monde pût tourner à son désavantage. Elle y retournait avec la plus grande confiance. Que de fois son visage, fatigué le jour, n'avait-il pas repris à la lumière son éblouissante fraîcheur! que de fois ce minois chiffonné, acoquinant, n'avait-il pas, grâce aux artifices de la toilette, retrouvé cet air jeune dont il ne pouvait se passer!

Aussi, quand elle se regardait dans la haute glace, l'appréhension s'en allait.

— Attendez, semblait-elle dire, attendez que ces cheveux emprisonnés se déroulent en papillottes légères, que ce teint terne s'éclaire, que ce collier de perles s'enroule autour de ce cou amaigri, que ces bras, qui paraissent décharnés, se couvrent de bracelets; attendez que la danse pousse le sang aux joues pâles et creuses, que l'œil brille, que la bouche sourie, que la robe de velours revête cette maigreur de ses moelleuses ondulations, et satine la peau de ses reflets charmants, attendez surtout que la certitude du succès réveille la joie au fond du cœur.

Et, pleine d'espoir, elle attendait.

Au second étage, il n'y avait ni coquetterie raffinée, ni calculs vaniteux, ni appréhension orgueilleuse; il y avait une émotion jeune et naïve, une satisfaction généreuse, une gaieté de bon aloi.

C'était Béatrix, qui était émue; c'était Pauline, qui était satisfaite; c'était Mlle de Branefort, qui était gaie. Il y avait des moments où cette gaieté communicative saisissait tout le monde, et alors, du second étage, descendait vers le premier étage une cascade d'éclats de rire qui impatientait Mme de Branefort. Mais, comme dans la famille il était d'usage de respecter Thérèse, et qu'elle lui causait d'ailleurs une certaine crainte, elle se contentait de faire fermer les portes par sa femme de chambre.

Mlle de Branefort n'était pas sans se demander quelle figure elle ferait dans ce monde-là qu'elle avait si parfaitement quitté, et ses idées là-dessus, étant formulées dans le langage original qui lui était particulier, amusaient beaucoup ses nièces.

— Écoute, Béatrix, disait-elle, je vais de bonne grâce à ce bal pour toi; car ta belle-mère étant assez jeune pour danser, n'est pas un chaperon suffisant; mais laisse-moi me plaindre un peu. Je serai sur des charbons ardents toute cette soirée; savez-vous bien cela, mes enfants?

— Et pourquoi donc? demanda Béatrix, qui comptait bien être, elle, sur des feuilles de roses.

— Et pourquoi donc? demanda Pauline, qui se disait que voir Béatrix heureuse, voir Béatrix admirée, serait un spectacle si doux pour ses yeux, qu'elle voudrait y consacrer la nuit entière.

— Pourquoi? répéta Mlle Thérèse; d'abord, parce que je dormirai; je suis sûre que je ne pourrai pas m'empêcher de dormir.

— Dormir! s'écria Béatrix en regardant Pauline avec un sourire. Dormir!

Quel mot en effet ce soir-là! Dormir! Est-ce qu'on dort au bal?

Voilà ce que disaient ce sourire et le double regard de ces beaux yeux étincelants, dont les larges paupières n'avaient garde de se laisser alourdir par le sommeil.

— Oui, dormir, mes enfants, reprit la bonne tante, et il n'y a pas de musique au monde qui puisse tenir Thérèse de Branefort éveillée, passé dix heures. Pauline, tu abuses de la pommade, il me semble.

— Non, ma tante; le coiffeur a bien recommandé d'assouplir à l'avance les cheveux de Béatrix.

— Il ferait bien mieux de venir les assouplir lui-même.

— Voilà bientôt huit heures, dit Pauline en regardant sa montre; il ne tardera pas. Puisque Béatrix n'a plus rien à faire à sa toilette, ma tante, si nous vous aidions à vous habiller.

Mlle de Branefort se mit à rire.

— Ah! vraiment, dit-elle, tu as là une heureuse idée ! Ma toilette demandera un petit quart d'heure, et je ne veux pas avancer d'une minute le temps de m'emprisonner le corps dans une robe que, pour me faire faire fine taille, vous avez voulue trop étroite, et de m'orner la tête de ce superbe bonnet qui pèse bien une livre, et qui, avec ses fleurs plantées sur le haut comme un mai fleuri, donne à ma vieille figure tannée un faux air d'une tête de quintaine empanachée.

— Voici le coiffeur! s'écria Pauline. Assieds-toi, Béatrix. Ma tante, voulez vous allumer l'autre bougie?

Le coiffeur, un petit jeune homme barbu, fit son entrée, et, déposant son chapeau, il tira ses instruments de sa poche et plongea les deux mains dans les immenses cheveux de Béatrix. En palpant cette opulente chevelure qu'il admirait hautement, son cerveau d'artiste capillaire entra sans doute en fermentation, car, après avoir déclaré qu'avec de pareils cheveux on ferait d'admirables coiffures, il en imagina une si étrange, il bâtit sur le front de la pauvre enfant un tel édifice, que personne ne put deviner comment, après cela, on pourrait placer convenablement les roses blanches qui devaient en être la simple et virginale parure.

Béatrix murmurait :

— C'est affreux !

Pauline regardait tristement ; mais devant l'autorité du coiffeur elles n'osaient trop, vu leur inexpérience, ordonner la destruction du disgracieux échafaudage.

Mais Mlle de Branefort était là. Après avoir ri de la figure piteuse de la patiente, elle dit :

— Je ne m'entends plus aux coiffures d'à présent ; mais c'est une horreur que vous avez fait là, Monsieur. Abattez-moi tout cela ; je vais faire chercher une personne qui nous donnera de bons avis.

Et, allant au bureau qui se trouvait dans un coin de la chambre, elle écrivit :

« Nous avons besoin de votre goût, ma chère
« Fanny ; venez tout de suite nous dire com-
« ment il faut coiffer Béatrix. Il y a ici un petit
« perruquier qui lui accommode drôlement la
« tête.

« Nous n'avons pas de temps à perdre, venez
« nous tirer d'embarras.

« Thérèse. »

Elle sonna, et, donnant ce billet à la servante qui se présenta :

— Portez tout de suite ceci à Mlle Bruneville,

dit-elle. C'est à deux pas ; la commission est pressée.

La servante s'acquitta en conscience de son message, et ramena Mlle Bruneville.

Elle écouta, en souriant, la description de la coiffure qui avait été tentée, et fit recommencer l'opération.

Les beaux cheveux de Béatrix furent simplement relevés sur ses tempes, et vinrent s'étager en coques épaisses tombant un peu sur le cou. Trois roses blanches se posèrent en diadème, et une quatrième se plaça derrière l'oreille droite. Ces fleurs blanches ainsi disposées sur ses cheveux noirs produisaient le plus charmant effet. Le coiffeur fut congédié, et Mlle Thérèse, abandonnant Béatrix aux mains de son amie et de sa nièce, passa dans sa chambre pour faire sa propre toilette.

Elle reparut bientôt vêtue de la fameuse robe de moire et de son élégant bonnet placé tout de travers.

Il fallut user d'autorité pour le placer convenablement. Cela fait, elle prit gravement son chapelet, et le mit dans sa poche.

— Vraiment, dit-elle, rien ne me sera plus facile que de l'égrener dans mon coin ; ce sera une manière de sanctifier ma soirée et de me tenir éveillée.

Comme elle achevait ces paroles, M. de Branefort entrait. Il salua Mlle Bruneville et sourit à Béatrix.

— Fort bien, dit-il ; cette toilette blanche me plaît. Il faut que tu descendes la montrer à ta mère qui t'attend.

— Voulez-vous me faire le plaisir de passer la soirée avec moi, Pauline? dit affectueusement Mlle Bruneville.

Et elle ajouta, en se tournant vers M. de Branefort :

— Je la ferai reconduire.

Il s'inclina en signe d'assentiment, et ils descendirent.

Clotilde les attendait. Sa toilette était splendide. Elle avait vidé ses écrins, elle s'était constellée de bijoux. Soins superflus ! Béatrix, dans sa simple toilette de tulle, était d'une beauté écrasante, et, en la voyant, sa belle-mère se sentit mordre au cœur par ce démon de la jalousie féminine, qui se plaît à remuer les plus mauvais sentiments. Elle la regarda à peine, et hâta les préparatifs de départ.

— Nous reviendrons de bonne heure, dit-elle en prenant congé de Pauline qu'emmenait Mlle Bruneville.

Cette parole révélait de secrets froissements. Elle désirait donc voir finir cette fête, à laquelle maintenant elle aurait voulu ne pas assister.

— Ah! vraiment! puisque j'ai mis cette robe qui m'étouffe et ce bonnet qui me pèse, nous resterons jusqu'au dernier coup d'archet, dit Mlle de Branefort à Béatrix, qui, à cette annonce, avait pris l'air inquiet, et tu danseras une bonne fois tout à ton aise, ma fille.

L'entrée de Mmes de Branefort fit sensation dans les salons de la Recette générale. Le monde est le plus changeant des théâtres. La cohue élégante qui remplissait les appartements n'était déjà plus la même qu'il y avait trois ans :

de là, deux façons générales de s'exprimer sur le compte de ces deux dames. Ceux qui les connaissaient disaient : « Quelle est donc cette charmante personne? — Ah! la fille de M. de Branefort, sans doute ; et c'est bien Mme de Branefort, elle-même. Dieu! qu'elle est changée ! qu'elle a vieilli ! qu'elle est maigre! Mais c'est à ne pas la reconnaître ! »

Ceux qui ne les connaissaient pas murmuraient sur tous les tons : « Charmante! » en regardant Béatrix. Clotilde, sa toilette, ses diamants, n'entraient pas pour ceux-là en ligne de compte.

Ce changement dans la partie dansante de la société décida du sort de la soirée.

Béatrix, la veille, avait exprimé le plus naïvement du monde, devant sa belle-mère, la crainte qu'elle éprouvait de ne pas trouver de danseurs.

Et Clotilde avait eu l'air de penser qu'elle devait s'attendre à ce mécompte. Son dépit fut extrême quand elle vit l'empressement dont la jeune fille était l'objet. C'est que ces inconnus-là agissaient avec la plus grande indépendance. Ce n'était pas Mlle de Branefort qu'ils invitaient, c'était la plus jolie femme du bal. Je ne prononce qu'avec circonspection ce terrible et magique mot de liberté dont on a fait de si mauvais et de si étonnants usages ; mais il est une liberté qu'on aime à garder : celle du goût. Il est complaisant de choisir quelquefois ses danseuses par convenance, mais il est tout simple qu'on les choisisse le plus souvent par goût.

Or il y avait trois ans que Clotilde n'avait paru au bal ; les amis de son mari ne dansaient plus, et tous les jeunes gens ne voyaient que Béatrix. Assise au premier rang, devant une glace qui lui renvoyait son image, Mme de Branefort causait avec une animation feinte avec les hommes qui l'entouraient. Avec ce sourire faux sur les lèvres, elle assistait à son propre trépas comme femme à la mode, et voyait s'évanouir le prestige dont elle avait été jusque-là entourée. Ses contemporaines la regardaient malignement du coin de l'œil.

— Cette pauvre Clotilde ! murmuraient-elles, elle est complétement fanée.

Marguerite, son amie, Marguerite alors dans

tout l'éclat de sa beauté brune, ne s'avança vers elle que pour lui dire :

— Sais-tu que Béatrix est trouvée ravissante?

Remarque inutile. Dès le vestibule, Clotilde, en voyant Béatrix glisser de dessous sa sortie de bal, avait pensé qu'elle serait, ce soir-là, sans rivale.

Elle interrogeait parfois furtivement le miroir, et le miroir ne protestait en aucune façon contre les danseurs. La chaleur du salon enflammait ses joues et son front, et cette rougeur inégale, ardente, l'enlaidissait et la vieillissait de dix ans. En la regardant, quelques-uns parlaient d'études anatomiques, beaucoup passaient indifférents devant cette femme sans éclat, qui leur était étrangère.

Un peu avant minuit, M. de Branefort quitta la table de whist, et vint à sa femme. Elle était seule, le quadrille finissait, et Béatrix, mêlée à la foule, regagnait lentement sa place au bras de son danseur.

— Robert, je vous attendais pour partir, dit vivement Mme de Branefort.

— Déjà? fit-il en souriant.

— Oui, je me sens malade, très-malade.

Il la regarda; sa figure était décomposée, elle frissonnait.

— Tu es en effet très-pâle, dit-il; je vais prévenir Thérèse. Va chercher Béatrix.

Béatrix n'avait fait que changer de cavalier et s'envolait de nouveau.

M. de Branefort alla vers le coin que sa sœur avait choisi; elle y dormait du sommeil du juste, cachée à tous les regards par un quadruple rang de femmes. Il la réveilla avec ménagements et lui dit tout bas :

— Nous partons.

Mlle Thérèse se frotta les yeux, et consulta sa montre.

— Pourquoi? demanda-t-elle.

— Clotilde est souffrante.

— Oh! c'est donc pour cela qu'elle a si peu dansé; ce n'est pas comme Béatrix; as-tu vu comme elle s'en donne? Si mon oncle était ici, il aurait été parlé de la belle de Branefort, c'est sûr. Ta fille sait-elle que tu veux partir?

— Oui.

— Cela doit lui plaire modérément, à cette enfant; quitter un bal avant minuit, songe donc. Ah! mais la voilà qui danse; il faut au moins attendre la fin de ce quadrille.

M. de Branefort retourna vers sa femme. Elle était très-rouge.

— Pas une minute, dit-elle d'une voix saccadée. Ta sœur fera ce qu'elle voudra, je viens de parler à Béatrix.

Il alla reporter cette réponse à Thérèse.

— Eh bien ! partez, dit-elle, je reste. J'aimerais pourtant bien à me sentir la tête sur mon oreiller : mais il ne faut pas être égoïste; et tant que Béatrix s'amusera, je ferai mon personnage ici, je le lui ai promis.

— Mais Béatrix peut s'amuser jusqu'à quatre heures du matin.

— Que veux-tu? ce sera une nuit blanche, j'en ai pris mon parti. Dans mon temps j'aurais voulu voir les bougies s'éteindre. C'est une rage, vois-tu; heureusement que cela ne dure pas.

— Enfin reste, puisque tu le veux, dit M. de

Branefort, agacé par ces petits tiraillements. Eh bien, qu'est devenue Clotilde? En vérité, entre toutes ces volontés contradictoires je ne sais plus où donner de la tête.

Et il alla à la recherche de sa femme, qu'il ne voyait plus. Dans l'antichambre, un parent de Clotilde lui avait proposé de la reconduire, et il lui donnait la main pour monter dans sa voiture, quand M. de Branefort parut.

Il s'assit vis-à-vis de sa femme, très-inquiet du silence qu'elle gardait. Cependant, comme le trajet était court à parcourir, et qu'il y avait un tiers, il ne lui adressa pas de questions et se contenta de presser le cocher.

Pendant que la voiture roulait, les deux hommes échangèrent quelques paroles sur les affaires dont les gens sérieux s'entretiennent même en revenant du bal. Enveloppée dans son burnous blanc, Clotide demeura blottie au fond de la calèche, en proie à une intraduisible souffrance. On ne raisonne pas la déception, on en souffre. Quelle que soit l'idole que l'on encense en son cœur, l'heure où elle se brise est une

heure d'effroi et de déchirement. On comprend
la douleur de l'avare qui perd son or, de l'ambitieux qui voit crouler sa puissance, de l'homme
qui voit dédaigner son amour; toute femme du
monde qui a connu le prestige du succès comprendra la douleur qu'éprouvait Mme de Brancfort, douleur incomprise, inaperçue, puérile
à coup sûr, mais douleur profonde et réelle.
Quelle soirée révélatrice! Elle avait encouru relativement l'indifférence du monde; elle avait
constaté qu'elle avait perdu tout ce qui lui valait ses hommages; elle avait été forcée de s'avouer que, jeune encore, elle survivait à sa
beauté, fleur trop vite fanée, dont, dans sa folle
irréflexion, elle avait fait un élément de bonheur.
C'était donc fini, bien fini. Elle voyait s'ouvrir
devant elle cette phase sévère de la vie qui effraye les femmes par trop frivoles, et par delà
ni charme, ni intérêt, ni plaisir, rien. Et, à ce
moment, il n'était plus question de sa confiance
passée en elle-même. L'âge, qui vieillit graduellement, laisse vivre l'illusion bien entretenue.
Avec la maladie qui dépouille brutalement un

visage de trente ans de toute jeunesse et de toute fraîcheur, l'illusion n'est pas possible.

A sa défaite se joignait le triomphe de Béatrix. Elle lui en voulait d'avoir désiré assister à ce bal, d'avoir contribué à la faire oublier. Et puis Béatrix, enivrée, étourdie, lui avait demandé de rester quand elle était allée lui dire :

— Je suis souffrante; partons.

Tout cela, déception, regrets, jalousie, emplissait son cœur de fiel et amenait à la surface les plus détestables sentiments. En entrant dans son appartement, l'émotion, longtemps comprimée, éclata avec une violence extrême. M. de Branefort la trouva à demi évanouie, pleurant et sanglotant convulsivement, livrée à la plus effrayante crise nerveuse.

Une demi-heure se passa avant qu'elle eût pu reprendre assez de force pour répondre à ses questions, car il la questionnait. Ce brusque départ, ces larmes, avaient une cause. Quelle était-elle? il voulait le savoir, et il insistait avec passion.

Les hommes sont généralement peu clairvoyants, et M. de Branefort n'avait jamais fait preuve d'une grande perspicacité. Clotilde, bien que moins intelligente que son mari, lui avait toujours donné le change sur le motif réel des féminines angoisses qui maîtrisaient si souvent son faible caractère. En ce moment, répondre à ses questions était difficile : il y a des tourments qui s'endurent, mais qui ne s'avouent jamais. Elle se sentait embarrassée, serrée de près; elle avait presque le désir de se mentir à elle-même, pour ne pas rougir de ses sentiments, et par une détestable habitude elle recourait aux prétextes pour déguiser ses intentions, et inventait, sans hésiter, des raisons qui, du moment qu'elles paraissaient plausibles aux autres, devenaient bonnes à ses yeux. Le prétexte était tout trouvé cette fois : c'était Béatrix, Béatrix qui, la sachant malade, avait refusé de la suivre; Béatrix, qui avait le courage de danser pendant qu'elle souffrait, elle qui, au fond, n'était allée à ce bal que par complaisance; Béatrix, qui ne l'aimait pas, et qui lui en donnait ce soir une preuve irrécusable. La parole lui étant revenue, elle fut presque éloquente en traitant ce sujet : l'insensibilité de Béatrix ; et, après avoir parlé là-dessus par mots entrecoupés pendant quelques minutes, elle continua, se figurant presque à elle-même qu'elle peignait des sentiments vrais, qu'elle exposait des griefs vrais.

Et l'imprudente ne s'apercevait pas qu'une colère concentrée, mais terrible, s'emparait de son mari ; que ces accusations perfides préparaient une de ces scènes de famille qui peuvent avoir d'irrémédiables conséquences.

Contre son habitude, M. de Branefort n'avait pas dit une parole pour atténuer les torts prétendus de sa fille ; les mains croisées derrière le dos, les traits crispés, il arpentait l'appartement avec une agitation de mauvais augure. Il y avait deux ans que Clotilde se plaignait ainsi, deux ans qu'il souffrait de ces tiraillements, deux ans que la discorde semblait avoir été apportée sous son toit par ses filles. En venant à cette fête, il avait cédé au désir de Béatrix, et en en revenant il trouvait sa femme en larmes, et c'était Béatrix qui les faisait couler par son ingratitude et sa dureté de cœur. Ah! il fallait que cela eût un terme; il fallait qu'il défendît son autorité attaquée, qu'il se montrât sévère, puisque sa douceur n'avait rien produit, et la colère montait du cœur au cerveau.

Au bruit d'une voiture sur le pavé, il s'arrêta court, et tourna vers Clotilde un visage tellement décomposé, que la peur lui vint. Jamais elle ne l'avait vu ainsi.

Elle n'osa pas lui demander pourquoi il prêtait l'oreille à ces bruits de la rue.

— C'est elle, dit-il d'une voix brève; elle est montée. Je vais lui signifier mes volontés, et cette scène sera la dernière, j'en prends le ciel à témoin.

Et, ouvrant la porte par un geste d'une violence sauvage, il sortit et monta rapidement au second étage.

Pauline était revenue tard de chez Mlle Bruneville, et s'était imaginée d'attendre sa sœur. Leurs chambres étaient dans le plus complet désordre, et elle s'était mise à ranger, tout en consultant de temps en temps le cadran de la pendule. Comme une heure sonnait, une voiture s'arrêta à la porte; un pas léger, un frôlement de vêtements, se firent entendre dans l'escalier, et Béatrix tenant des deux mains ses jupes bouffantes, entra tête nue, les yeux étincelants, le sourire sur les lèvres.

Pauline s'était avancée vers elle, elle l'embrassa.

— Eh bien! tu t'es bien amusée? demanda Pauline.

— Oh! dit Béatrix en joignant ses mains gantées.

— La fête était jolie?

— Charmante. Tiens, Pauline, c'est enivrant, le bal, plus enivrant que tu ne peux te l'imaginer; il faut y aller pour savoir.

— Allons, Béatrix, tu perds la tête pour tout de bon, dit la voix de Mlle Thérèse, qui arrivait en repoussant avec un soupir la capeline qui protégeait son élégant bonnet. Veux-tu bien tirer au plus vite ces chiffons et te coucher? Demain, tu jaseras avec Pauline, qui aurait dû nous attendre entre ses draps. Pour moi, je dors debout; je n'en puis plus; bonsoir, mes enfants.

Et elle passa dans son appartement.

— Ma tante, en effet, doit être bien fatiguée, dit Béatrix; et, maintenant que je ne danse plus, je me ressens aussi de ma soirée; ce n'est pas dire que j'ai sommeil, non, non, je ne dormirai pas de la nuit, je le sens. Cependant il est raisonnable de se coucher. Veux-tu m'ôter ma coiffure, Linette?

Elle se laissa tomber sur une chaise. Pauline dégagea délicatement les roses blanches, et, en un tour de main, défit la coiffure. Béatrix secoua la tête, et ses beaux cheveux se déroulèrent sur ses épaules; et puis elle tendit les deux bras et se détourna pour demander à Pauline de détacher ses bracelets; mais elle les laissa retomber en jetant un cri mal étouffé.

Elle avait vu apparaître sur le seuil de la porte ouverte une figure pâle, contractée, éclairée par deux yeux brûlants : la figure de son père irrité. M. de Branefort se mettait rarement en colère; mais ses colères étaient effrayantes. Ce tempérament bilieux, excité, se fût porté à des excès. En ce moment, il se croyait offensé, et cette offense faisait déborder l'amertume des jours passés. Il avait grandi sa fureur jusqu'à la faire dépasser sa tendresse pour ses filles. Il ne venait pas éclaircir une question, demander une justification, adresser de paternels reproches ; il venait se plaindre et punir.

Il se plaignit amèrement, violemment. Pauline et Béatrix écoutaient tremblantes. Quand, emporté par la passion, il s'écria « qu'il était bien malheureux de ne pas être aimé de ses enfants! » elles s'élancèrent vers lui, et protestèrent par leurs sanglots. Mais il les repoussa durement.

— Si vous m'aimiez, dit-il, vous eussiez aimé votre belle-mère, et vous la haïssez.

— Je ne hais personne, mon Dieu! cria Béatrix en croisant les bras au-dessus de sa tête, par un geste de désespoir, et je t'aime, mon père, je t'aime!

— Non, car vous me tuez à petit feu, vous m'empoisonnez la vie. Il faut que cela finisse, il faut que vous demandiez pardon à Mme de Branefort, que vous lui promettiez une soumission passive à défaut d'amour, ou que vous retourniez au couvent. Ma résolution est prise, irrévocablement prise.

— Plutôt le couvent! murmura une voix rauque, la voix de Pauline.

Des yeux ardents de M. de Branefort jaillit un dernier éclair, puis ses traits devinrent d'une effrayante rigidité.

— C'est bien, dit-il avec un calme plus terrible que ses violences, vous partirez demain.

Et il sortit.

On n'entendit plus dans la chambre qu'un bruit de sanglots. Les deux sœurs, après cette sentence qui les exilait de la maison paternelle, s'étaient spontanément rapprochées l'une de l'autre, et Béatrix, se jetant au cou de sa sœur, pleura amèrement. Avec ses longs cheveux noirs épars sur ses épaules de neige, son beau visage d'une pâleur de marbre, inondé de larmes, empreint d'un véritable désespoir, elle ressemblait à une statue de la Douleur. Pauline, debout, un bras passé autour de la taille fléchissante de Béatrix, paraissait atterrée. Sa figure avait revêtu l'expression de souffrance qui lui avait été particulière pendant son enfance débile; ses grands yeux s'étaient voilés, mais ils restaient secs, et la fermeté de son attitude témoignait qu'elle se raidissait contre le malheur qui les frappait.

Quelques coups donnés sur la cloison interrompirent leurs douloureux épanchements.

— Couchez-vous donc, enfants! cria la voix légèrement enrouée de la tante Thérèse. Qu'est-ce que tout ce tapage? Vos disputes m'ont réveillée; allons, au lit! au lit!

Les deux jeunes filles se mirent à se déshabiller en silence, et se couchèrent dans le même lit. Après quelques paroles entrecoupées, Béatrix, dominée par la fatigue, épuisée par l'émotion, s'endormit en pleurant; Pauline, assise dans son lit, son front pâle appuyé sur sa main, les yeux fixes, resta éveillée toute la nuit.

VIII

Le lendemain, Thérèse de Branefort achevait sa toilette quand on frappa à sa porte.

Elle cria! « Entrez ! » son frère se présenta.

— Oh ! oh ! tu es devenu bien matinal, Robert, lui dit-elle gaiement. Mais je m'aperçois que vos plaisirs mondains sont toujours doublés de fatigue. Tu as ce matin la mine d'un déterré ; on te jetterait de l'eau bénite.

Il grimaça un sourire et s'assit.

— Tu n'as donc rien vu, rien entendu, Thérèse? demanda-t-il avec embarras.

— Plaît-il, Robert ? fit-elle en devenant attentive. J'ai vu que Clotilde a quitté le bal à minuit, ce qui m'a semblé très-raisonnable; j'ai entendu les petites filles se quereller un peu hier soir; ce qui m'a étonnée, l'accord étant ordinairement parfait entre elles. Est-ce qu'il s'est passé autre chose?

— Oui.

Il prit son front entre ses mains et ajouta d'une voix sourde :

— Mes filles se sont révoltées contre mon autorité; il faut qu'elles me quittent, au moins pour un temps.

Mlle Thérèse alla vivement à lui, lui abaissa les mains et dit :

— Es-tu bien dans ton bon sens, Robert? Beatrix et Pauline n'ont pas fait cela.

— Elles l'ont fait.

— Robert!

— Elles l'ont fait, te dis-je, et je suis lassé.

Il leva ses mains croisées au-dessus de sa tête et ajouta avec une angoisse profonde:

— Et je suis réduit à dire qu'elles ont bien fait, il vaut mieux en finir. Clotilde et elles se détestent, ma maison est devenue un enfer.

Mlle Thérèse posa sa forte main sur l'épaule de son frère.

— Je te l'avais prédit, Robert, dit-elle tristement.

Il est bien peu de personnes assez maîtresses d'elles-mêmes pour retenir l'expression de leur pensée, au moment même où arrive un événement qu'elles ont prédit longtemps à l'avance et auquel personne ne voulait croire ; il y a là une sorte de petit triomphe que l'amour-propre ne dédaigne pas toujours.

Mlle Thérèse aurait pu garder pour elle le souvenir de sa prédiction, et la phrase n'était pas prononcée qu'elle se mordait les lèvres comme pour la retenir en voyant l'effet qu'elle avait produit sur son interlocuteur, qui devint très-rouge.

— Tu as été perspicace, c'est bien, dit-il, profondément blessé dans son orgueil; mais je ne suis pas venu recevoir des reproches. Je suis venu te demander un service. Veux-tu me remplacer dans une corvée douloureuse, conduire tes nièces à Sainte-Croix ?

— A Sainte-Croix ! s'exclama Mlle Thérèse !

— Oui. Plutôt le couvent qu'une réconciliation, m'a dit Pauline hier.

— Ah çà, voyons, Robert, allons-nous parler sérieusement ? Les choses en sont-elles donc à ce point. Es-tu un homme et ne peux-tu faire entendre raison à ta femme ?

— Ce n'est pas Clotilde qui a tort cette fois.

— La preuve, Robert ?

— Ma parole suffit, il me semble, s'écria M. de Branefort irrité.

Mlle Thérèse se mordit une seconde fois les lèvres jusqu'au sang, et, tournant brusquement le dos à son frère, elle fit quelques pas pour se calmer elle-même, puis, revenant vers lui :

— Je voudrais connaître la prétendue faute de ces enfants, dit-elle le plus posément qu'elle put.

— Leur faute ! N'en est-ce pas une de m'arracher au repos qui m'est si nécessaire et de reconnaître mon sacrifice par la plus révoltante ingratitude ?

Mlle Thérèse écoutait attentivement.

— Je voudrais comprendre, dit-elle, mais la récrimination reste terriblement dans le vague. Voyons, Beatrix a eu tort de désirer ce bal. Est-ce cela ?

— Oui, ma santé ne me permet pas plus les veilles, et, puisque Clotilde me laisse enfin respirer, ma fille aurait pu, il me semble, sacrifier cette fête.

— Très bien, je saisis la faute. Où est l'ingratitude ?

— Elle avait dansé jusqu'à minuit, ma femme lui fait dire qu'elle est souffrante, qu'elle veut partir, elle rit et répond qu'elle reste. C'est un manque de cœur.

— Bon. Eh bien, Robert, calme ce grand courroux. Il n'y a qu'une coupable, c'est moi. Ma visite à Fanny Bruneville n'était qu'un prétexte, n'avait qu'un but : procurer à Beatrix le plaisir de ce bal.

M. de Branefort fixa sur le visage de sa sœur un regard soupçonneux.

— Beatrix t'avait donc écrit ? demanda-t-il.

— Je savais ses désirs, et j'ai fait la faute de

m'y rendre. Je suis donc la seule coupable, car c'est encore moi qui l'ai fait rester après Clotilde. Elle se disposait à suivre ta femme, le cœur un peu gros, ce qui est, ma foi, tout simple, quand je lui ai dit : l'indisposition de Clotilde n'est rien, je reste, tu peux rester. Tu me prouveras difficilement qu'il y ait là-dedans l'ombre d'une ingratitude. Clotilde avait les nerfs agacés, pas autre chose ; il n'y avait donc pas de quoi s'alarmer. Allons, je t'ai prouvé, je le suppose, l'innocence de sa fille, va l'embrasser et que tout cela finisse.

— Tu ne m'as prouvé qu'une chose, dit amèrement M. de Branefort, c'est que tu possèdes la confiance qu'on me refuse. Je le sais, il y a longtemps que mes filles, par haine pour leur belle-mère, se sont habituées à me considérer comme un étranger. Elles ne savent même plus m'exprimer le plus simple de leurs désirs que par un intermédiaire.

Il se leva et ajouta d'un ton où l'arrogance tombait comme un voile sur la douleur :

—Et je ne veux plus que cela soit, et je ne permettrai à personne de diriger ou de conseiller mes enfants à mon insu. Si elles ne peuvent aimer Clotilde, elles auront du moins pour elle les égards auxquels elle a droit.

La figure de M{^{lle}} Thérèse eut une contraction violente et elle demeura quelque temps silencieuse. Les petites trahisons ourdies par sa belle-sœur lui causaient une irritation profonde. Mais elle était obligée de s'avouer que, malgré ses excellentes intentions, elle avait par ses franches et maladroites confidences empiré la situation au lieu de l'améliorer, et elle essayait de dominer par un effort énergique de volonté les tempêtes d'indignation qui grondaient au fond de son âme ardente.

— Ne perdons pas notre temps en raisonnements inutiles, dit-elle enfin d'un ton dont la modération contrastait avec l'expression passionnée de sa physionomie ; qu'as-tu résolu pour mettre fin aux dissensions de ton ménage ?

— Je te l'ai dit, faire reconduire Pauline et Béatrix à Sainte-Croix. Elles peuvent y passer cette année encore et elles y feront, je l'espère, de salutaires réflexions ; elles se décideront à se montrer plus soumises.

— Tes filles au couvent, Robert !

— Oui.

— C'est révoltant et c'est absurde.

— Elles l'ont voulu. Quand j'ai demandé une démarche, une soumission, moins que cela, une promesse pour l'avenir, tu sais ce que m'a répondu Pauline.

— J'attends que tu me le redises, car, en vérité, je n'y suis plus.

— Plutôt le couvent !

— Aïe ! Pauline a donc vraiment parlé, pensa Mlle Thérèse, Pauline est en cause, nous sommes perdues.

Une idée lui vint.

— La pauvre enfant ne savait trop ce qu'elle disait, reprit-elle ; pour moi, ce couvent est une impossibilité. Transigeons. J'en conviens, la situation est trop tendue pour que les choses restent ainsi, et il faut que ta femme et tes filles se séparent, momentanément du moins. Au lieu de Sainte-Croix, mettons Branefort.

Je ne demande pas mieux que de me faire le geôlier des petites révoltées, et, une fois les nerfs de Clotilde calmés et les têtes de vingt ans refroidies, nous obtiendrons, toi de ton côté, moi du mien, les concessions nécessaires pour que la paix ne soit plus troublée.

M. de Branefort, qui l'écoutait d'un air sombre et tout perplexe, allait répondre quand la porte s'ouvrit devant une femme de chambre.

— Madame demande Monsieur, dit-elle; elle l'attend.

Il se leva sur-le-champ et passa dans son appartement en disant à sa sœur :

— Je reviens.

— Peste soit d'elle! grommela Mlle Thérèse, il était ébranlé, il allait se rendre et elle me l'enlève au bon moment. Dieu! que les hommes sont fous! Allons maintenant raisonner ces pauvres enfants et leur faire prendre leur mal en patience. Ce n'est pourtant pas Thérèse de Branefort qui supporterait ces vexations-là : mais dans ce triste monde il faut endurer, endurer, et se sauver par la patience.

9.

Elle sortit de sa chambre et entra sans frapper dans celle des deux jeunes filles. Pauline, tout habillée, remplissait une large caisse ouverte devant elle. Béatrix, en peignoir, pleurait le front appuyé sur ses bras nus.

— Allons! qu'on me raconte ce qui s'est passé, et vite! dit Mlle Thérèse en croisant ses grandes mains. Qui n'entend qu'une cloche n'entend qu'un son, et je ne veux pas être injuste.

— Dis, Pauline, murmura Béatrix sans lever les yeux.

Pauline s'assit sur le rebord de la caisse et redit la scène de la veille.

Sa voix était calme; mais l'amertume de son accent, l'expression souffrante de sa physionomie, laissaient deviner une angoisse profonde.

— Ma tante, serait-il vrai que mon père peut nous chasser de chez lui? demanda-t-elle ensuite en fixant ses yeux ardents sur le visage de sa tante.

— Mais, ma fille, il n'y paraît que trop disposé, et tu as été vive, très-vive. Cependant je veux croire que tout ceci s'arrangera. Il faut être plus souples, mes enfants, plus patientes.

— Ni la souplesse ni la patience ne nous ont manqué, ma tante, reprit Pauline, et, je vous l'affirme, si je n'aimais pas mon père comme je l'aime, j'accepterais cet exil avec joie, je le regarderais comme un bonheur.

— Enfin, mes filles, il s'agit de vous rapatrier avec lui ou plutôt avec cette pauvre Clotilde dont les nerfs sont très-malades, et qui commence à n'en pouvoir plus.

— Mais que faut-il faire pour cela, ma tante? demanda Béatrix en se rapprochant.

— Le sais-je, moi?

— Le sais-tu, Pauline? demanda naïvement Béatrix.

Pauline prit entre ses mains les grands cheveux pendants de sa sœur.

— Commence par couper ceci, dit-elle d'un ton incisif, deviens aussi laide que moi si tu le peux. Éteins-toi, anéantis-toi, et tu seras pardonnée; c'est à toi qu'elle en veut en ce moment, rien qu'à toi.

Thérèse de Branefort ne put réprimer un sourire.

— Mauvaise! dit-elle.

— Eh bien, oui, elle me rend mauvaise, s'écria Pauline en se voilant la figure de ses deux mains, et, je le crains, si elle me sépare de mon père, je la haïrai.

— Nous n'en viendrons pas là, je l'espère; mais que diriez vous d'une saison à Branefort, mes filles?

Les deux jeunes filles s'élancèrent vers leur tante.

— Emmenez-nous, oh! emmenez-nous, crièrent-elles.

— Pauvres petites! vous ne savez pas trop ce que vous demandez-là. Cependant j'essayerai, je vous promets d'essayer. Laisse ces paquets, Pauline, il ne faut pas mettre autant d'empressement à exécuter des ordres de ce genre, mon enfant.

— Je ne l'ai fait que pour témoigner de mon obéissance à mon père, ma tante.

— Chut! je l'entends, à bientôt, mes enfants, et surtout pas d'entêtement, s'il consent à capituler. Rappelez-vous le quatrième commandement de Dieu.

Cet avertissement donné, elle repassa dans son appartement.

— Eh bien, Robert, dit-elle joyeusement à son frère qui l'attendait, qu'as-tu décidé? gardes-tu tes filles? Me les prêtes-tu?

— Ni l'un ni l'autre, répondit-il d'un air glacé, ce serait à recommencer. Il leur faut une leçon, je la leur donnerai bonne. Mais je serais bien aise que tu m'épargnasses de les conduire moi-même à Sainte-Croix.

— C'est ton dernier mot, Robert? demanda Mlle Thérèse horriblement déçue.

— Oui, n'insiste plus, c'est inutile.

— Eh bien! voici le mien. Fais conduire par qui tu voudras tes filles dans leur prison, ce n'est pas moi qui prêterai la main à une pareille iniquité Ah! il faut bien que je te le dise, tu joues gros jeu en sacrifiant ainsi des cœurs dévoués aux caprices d'arrière-saison d'une coquette. Pardon, mais tu me navres et j'ai le droit d'être vraie une fois en ma vie.

— Tes vérités sont des insultes, dit violemment M. Branefort.

— Donne-leur le nom que tu voudras et va retrouver ta pleureuse. Si elle ne change pas, et je désire qu'elle change, elle t'en fera voir de belles avant que tu sèches sur pied.

— Assez! dit M. de Branefort, qui se leva furieux et sortit de la chambre.

— Dieu le bénisse! marmota Mlle Thérèse; mais vraiment il remue en moi tout ce que j'ai possédé de malice depuis que je suis au monde. En attendant, l'affaire se gâte. Mon intervention n'a servi qu'à aggraver les torts prétendus de ces pauvres enfants. Les hommes sont des êtres d'un orgueil! Allons! que faire? Je ne puis plus rien pour les petites; je ne puis pas non plus leur dire tout le mal que je pense de cette hargneuse, et même de leur faible père qui va jusqu'à me défendre de prendre leur parti. Bah! je pars! Une fois à Branefort, je verrai comment je pourrai adoucir ou changer leur situation. Tout ceci me prend aussi sur les nerfs, et, je le sens, la vue de cette langoureuse et détestable Clotilde me jetterait hors de mes gonds. Allons, du courage! Je n'embrasserai même pas ces pauvres fillettes auxquelles je ne puis en conscience laisser voir mes impressions. Elles me connaissent, elles savent que je resterai sur la brèche, que je ne déserterai pas leur cause.

En achevant ce monologue, Mlle Thérèse avait entassé dans son long sac de nuit les menus objets qui lui appartenaient. Puis elle revêtit prestement ses vêtements de sortie, quitta tout de suite son appartement et gagna la rue.

Quand une demi-heure après la femme de chambre vint annoncer que le déjeuner était servi, elle trouva la chambre vide.

— Partie! pensa-t-elle en jetant un coup d'œil autour d'elle, elle est partie emportant tous ses bibelots; voici une jolie nouvelle à apporter à Monsieur.

Cette remarque faite, elle retourna dans la salle à manger où M. de Branefort attendait sa sœur.

Il était seul, Clotilde était souffrante et lui avait déclaré qu'il lui était impossible de quitter son appartement. Pauline et Béatrix n'avaient pas encore été prévenues. L'annonce du départ subit de Mlle Thérèse épaissit le nuage qui assombrissait sa figure tourmentée.

— Servez ces demoiselles dans leur appartement, Virginie, ordonna-t-il brusquement, et prévenez-les qu'elles doivent se tenir prêtes à partir pour Sainte-Croix dans deux heures. Vous les accompagnerez.

Virginie, que les manières tout à fait étranges de son maître effrayaient, s'empressa d'aller s'acquitter de ce message. Pauline et Béatrix furent atterrées en apprenant la double nouvelle du départ de leur tante qu'elles considéraient comme un appui et de leur propre départ auquel elles ne pouvaient se résigner à croire; elles terminèrent leurs caisses en dévorant leurs sanglots, mangèrent du bout des lèvres le déjeuner qui leur fut servi et assistèrent de leurs fenêtres aux préparatifs du voyage. Elles virent atteler les chevaux à la voiture qui devait les transporter au lieu de leur exil, et pas une larme ne tomba de leurs yeux.

— Ne pleurons pas, ne pleurons pas, avait dit Pauline; qu'elle ne nous voie pas pleurer!

Quand la femme de chambre se représenta, elles achevèrent leur toilette en silence et la suivirent.

Dans le vestibule, elles s'arrêtèrent. Les beaux yeux humides de Béatrix et les yeux brûlants de Pauline exprimèrent le même désir.

— Où est mon père, Virginie? demanda Pauline d'une voix saccadée.

— Dans la chambre de Madame.

Pauline fit un pas en avant.

Béatrix la saisit par son manteau.

— Ne partons pas sans l'embrasser, dit-elle suppliante.

Pauline se tourna vers la femme de chambre.

— Précédez-nous, Virginie, dit elle, et prévenez mon père que nous allons prendre congé de lui.

La femme de chambre obéit docilement et monta au premier étage où se trouvait l'élégant appartement où Clotilde avait ourdi tant de petites trahisons. La jeune femme n'avait pas compté sur cet adieu embarrassant; quand son mari lui demanda ce qu'il fallait répondre, elle prit sa pose la plus langoureuse pour lui dire :

— Cela m'ébranlera, ce n'est pas moi qu'elles veulent voir, puisque ma vue leur est odieuse.

Et M. de Branefort ayant, malgré ces paroles, accordé la permission demandée, elle avait ajouté :

— Pas de scènes, je vous prie, je suis la première à regretter que vous en soyez venu à cette extrémité. Cela me sera encore attribué, mais j'en ai pris mon parti, vous le savez bien.

Comme elle finissait cet acte de résignation, la porte s'ouvrit devant Béatrix, qui marcha droit à son père. Celui-ci était accoudé d'un air sombre sur la causeuse où sa femme respirait des sels.

En voyant Béatrix s'élancer vers lui, il abaissa le doigt sur le sofa par un geste impérieux que la jeune fille comprit.

Elle recula, se pencha et offrit son front pâle aux lèvres de Clotilde, qui y déposa l'ombre d'un baiser ; puis elle alla embrasser tendrement le visage morne de M. de Branefort, qui se roidissait contre l'émotion de sa fille et contre sa propre émotion.

Pauline s'était arrêtée en voyant Béatrix s'incliner vers Clotilde ; quand elle reçut à son tour le muet avertissement, elle devint très-pâle ; mais, saluant Mme de Branefort, elle tourna la causeuse et tendit les bras à son père. Il la repoussa violemment.

Ils se regardèrent un instant en face, et ce qu'il passa dans ce double regard n'aurait pu se traduire.

Mais le regard de Pauline se voila tout à coup ; elle baissa la tête et joignit ses deux mains par un geste plein de tendresse filiale.

— Mon père, mon père ! murmura-t-elle d'une voix soumise et pénétrante.

Il détourna la tête avec humeur et fit un geste d'éloignement.

Un sanglot déchira la poitrine de la pauvre enfant ; mais, redressant soudain son front incliné :

— Viens-tu, Béatrix? dit-elle.

Et elle sortit, entraînant sa sœur.

IX

Clotilde de Brancfort est seule dans son vaste appartement; elle vient de se lever, et l'ennui ride déjà son front. Cependant ses belles-filles n'y sont pour rien, cette fois. Il y a un mois qu'elle jouit d'une solitude complète dans ce vieil hôtel, qu'elle préfère malgré tout à la villa si riante où le spleen la dévore. Malgré elle ses pensées sont tristes, d'une tristesse accablante.

Ses belles-filles parties, qu'a-t-elle remarqué autour d'elle? De la part de ses intimes du monde un éloignement presque voisin de l'aversion;

de la part de son mari un marasme permanent, une mélancolie souffrante et habituelle, une taciturnité insurmontable. En voyant tout cela se produire, elle frémit dans son isolement, et ne peut pas toujours imposer silence à la voix de sa conscience, qui profite de ce moment de silence et d'apaisement forcé pour se faire entendre.

Mais elle dissimule tous ces tourments intérieurs, tous ces secrets remords. Entre le repentir et elle il y a encore l'amour-propre, ce frère cadet de l'orgueil, plus difficile à vaincre que l'orgueil même. Aussi, en entendant les pas de son mari dans l'escalier, la jeune femme se hâte-t-elle de remplacer par une physionomie presque sereine sa physionomie inquiète et soucieuse.

M. de Branefort entra. Depuis la scène à la suite de laquelle il s'était volontairement séparé de ses enfants, son visage avait gardé une sévérité chagrine, destinée à cacher une vive souffrance de cœur. A cet âge, les joies de la famille sont tout; il en était cruellement sevré, et, une fois la colère passée, il se sentait bien malheureux de l'absence de ses filles. Il ne l'avouait pas, mais son changement d'humeur le proclamait hautement.

En entrant, il marcha vers la cheminée, compara l'heure de la pendule avec celle de sa montre, et, jetant un regard circulaire autour de l'appartement :

— Tu ne comptes donc pas prendre tes précautions ordinaires? dit-il à Clotilde.

— Quelles précautions? demanda la jeune femme.

— Le sais-je, moi? Mettre des housses à ces fauteils, dégarnir ces fenêtres, comme lorsque nous allons à la campagne.

— Mais nous ne sommes pas prêts à y aller, Robert; tout le monde est encore en ville.

— Et que m'importe tout le monde! répondit brusquement M. de Branefort. Je t'ai dit hier que nous dînerions aujourd'hui à la Villa-Clotilde, il me semble.

Cet « il me semble » fut prononcé avec un accent impérieux qui étonna Clotilde...

— J'avais cru que tu plaisantais, dit-elle.

—Ah! je m'incline devant ta perspicacité. Ai-je encore l'air de plaisanter dans ce moment? Cependant, je t'en avertis, nous partons dans une heure.

— C'est tout simplement impossible. J'ai déclaré, d'ailleurs, que je ne retournerais à la campagne qu'à la mi-avril : c'est bien assez tôt.

— Comment! tu m'étonnes : c'est toi qui as voulu y passer tout l'hiver.

— Précisément, j'en ai eu assez. D'ailleurs, je voudrais maintenant aller à la Villa-Clotilde, que je ne le pourrais réellement pas.

— Pourquoi ?

— Parce que ce bal que nous avons accepté à la Recette générale nous engage. Ma tante serait-elle contente de nous voir refuser d'assister au retour de noce qu'elle donne à sa nièce, sachant que nous sommes venus chez cette Mme Dormur, qui, en définitive, ne nous est rien?

M. de Branefort se tourna tout d'une pièce vers sa femme, et scruta sa physionomie du regard. Il allait douter d'elle.

— Ainsi, tu veux assister à cette fête? dit-il lentement.

— Je l'ai promis.

Il sourit amèrement.

— Je croyais, dit-il d'une voix sourde, que c'était Béatrix qui m'abandonnait pour ses plaisirs, Béatrix qui préférait la ville parce que j'habitais la campagne, Béatrix qui était possédée par un fol amour du monde, seulement Béatrix.

Et élevant la voix :

— Je ne retarderai pas d'un jour mon départ pour la campagne, dit-il durement : si tu n'es pas prête, je partirai seul.

Et il sortit.

Clotilde pensa que c'était là une vaine menace; mais c'était la première fois que son mari lui signifiait de cette façon ses volontés, et ses réflexions s'en assombrirent.

Au bout d'une heure, sa femme de chambre frappa à sa porte, et, l'entre-bâillant :

— Monsieur demande si Madame est prête, dit-elle.

— Est-ce que vraiment il veut partir?

— Oui, madame.

Clotilde se leva avec agitation.

— Julie, dit-elle, dites à M. de Branefort que je partirai la semaine prochaine, s'il le veut absolument; mais il me faut au moins quelques jours; venez me rapporter sa réponse, ou plutôt qu'il vienne me parler.

Julie disparut, et Clotilde alla s'asseoir toute songeuse dans l'embrasure d'une fenêtre.

Au bout de quelques minutes Julie reparut.

— Eh bien? demanda Clotilde.

— Monsieur est parti, madame.

— Parti! s'écria Clotilde, qui ne voulut pas d'abord en croire ses oreilles.

— Madame peut le regarder passer, il n'est guère qu'au bout de la rue.

Clotilde souleva d'une main frémissante le store de mousseline brodée. Dans l'étroit espace de la rue sur lequel son regard plongeait, une voiture passa rapide; c'était bien la sienne.

Elle laissa retomber le rideau et se cacha la

figure dans ses deux mains. Elle n'avait jamais pensé à cet abandon-là; elle n'avait jamais supposé que son mari pût songer à se passer d'elle; l'épouvante entra dans son âme, et sur les pas de l'épouvante le remords. Elle osa enfin s'accuser elle-même, se trouvant malheureuse par les autres. Elle pleura amèrement pendant quelques minutes, et il n'y avait pas là une voix amie pour la consoler; et, à cette nature mondaine, à cette âme faible, il fallait de terrestres consolations. Le premier moment de chagrin passé, elle essuya ses larmes et revêtit sa toilette de ville. Il fallait qu'elle sortît de cette grande maison vide et sonore, qu'elle trouvât un cœur pour épancher la douleur qui gonflait son cœur. Elle avait deux amies d'enfance, deux amies intimes, auxquelles elle n'avait guère, jusqu'ici, confié que des joies : ne sauraient-elles prendre une part de ses peines, la ranimer par quelques bonnes paroles? Elles s'étaient montrées si tendres à la mort de son fils, qu'elle pouvait bien compter sur leur sympathie dans ce chagrin d'un nouveau genre, qui, pour une âme délicate et un esprit intelligent, avait bien ses amertumes.

Le voile baissé, pour cacher à tous la trace des larmes versées, elle se rendit chez Marguerite. Marguerite avait fait un beau mariage, mais n'avait pas d'enfants, ce qui ne la désolait pas le moins du monde.

Comme elle mettait le pied dans la cour du somptueux hôtel, un coupé y faisait son entrée. Marguerite en descendit et accourut au-devant d'elle.

Clotilde leva son voile, et répondit à son bonjour d'une voix altérée. La jeune femme parut surprise et regarda avec curiosité ce visage douloureusement crispé, mais reprenant bien vite son bel air insouciant.

— Est-ce moi que tu cherches? dit-elle étourdiment.

— Oui, et je suis heureuse de te rencontrer, Marguerite, dit Clotilde; tu rentres, n'est-ce pas?

— C'est-à-dire que je finis mes courses en voiture pour recommencer mes courses à pied, répondit Marguerite avec un sourire embarrassé. Ne voudrais-tu pas m'accompagner, ma chère? Il m'est vraiment impossible de te recevoir en ce moment.

Clotilde arrêta sur elle son œil encore humide, tout chargé de reproches; mais cette muette protestation ne dessilla pas les yeux de Marguerite. S'il n'y a de pires sourds que ceux qui ne veulent pas entendre, il n'y a de pires aveugles que ceux qui ne veulent pas voir, et l'amie de Clotilde était de ces aveugles-là. Elle fuyait l'intimité par égoïsme, car l'intimité, le plus souvent, c'est s'attrister d'une tristesse, pleurer avec une autre sur des souffrances dissimulées, s'instruire d'un passé douloureux, prendre sa part des angoisses, des peines du présent. La joie, de quelque part qu'elle vienne, se raconte à tous. Les heureux se passeraient volontiers d'intimité. Pour les heures sévères de la vie, c'est différent, et alors se dévoile l'amie égoïste. Ce matin elle a dit ses riens, elle a entendu vos frivolités, vos rires se sont confondus. Mais le soir vous lui apparaissez pâle, le front soucieux, un sourire menteur aux lèvres, l'air distrait. Vous parlez devant elle, il y a des notes fausses dans votre voix; qui sait? dans vos yeux elle a vu poindre une larme que vous dévorez par force d'âme ou par amour-propre, et dont vous nieriez l'existence à des indifférents. Ah! c'est assez : elle va vous fuir pour un temps. Cependant elle paraît inquiète, pourquoi? Elle craint simplement que votre secret ne vous échappe avant qu'elle vous ait quittée. Le métier de confidente, quand il s'agit d'une tristesse vulgaire, ne lui plaît pas. Quand votre larme sera séchée au bord de votre paupière, quand la blessure sera fermée, elle reparaîtra souriante. Elle n'a rien vu, elle n'a rien compris; elle vient vous demander le tribut de votre esprit, de votre amabilité; elle n'a que faire de vos récits chagrins, mais votre gaieté, votre entrain, lui plaisent. Attacher son cœur à ce genre d'amis est une amère sottise. On prend d'eux ce qu'ils prennent des autres, et on garde pour l'ami vrai le parfum de son cœur, la rosée de ses larmes et, pourquoi ne le dirait-on pas? la fleur de son esprit.

Pour ne pas même risquer d'entendre une

phrase malsonnante et qui l'eût engagée, Marguerite feignit d'avoir oublié quelque chose dans sa voiture et ne reconduisit pas Clotilde jusqu'à la grille de la cour ; elle la quitta au bas de son perron, avec force sourires. Clotilde, le cœur serré, marcha lentement vers la demeure de Louise, qu'on appelait encore Moutonne, bien qu'elle fût devenue une très-respectable mère de famille. Là, elle fut reçue comme toujours cordialement, affectueusement. Louise, qui avait beaucoup d'enfants et qui s'en occupait, voyait peu ses brillantes amies; mais elle les recevait toujours avec plaisir. Elle emmena Clotilde dans sa chambre, lui avança un fauteuil et s'assit au coin de la cheminée avec un gros poupon qu'elle voulait habiller. Deux autres enfants couraient par la chambre et faisaient un tapage que leur mère ne paraissait pas même entendre. Tout cela ne prêtait pas aux confidences ; mais Clotilde avait le cœur si plein, qu'il fallait qu'il débordât. Une question sur ses yeux rougis, que Louise lui fit sans arrière-pensée, suffit pour la faire entrer dans son douloureux sujet. Louise écouta avec cette attention polie qui peut suffire quand on raconte des banalités, mais qui glace les paroles sur les lèvres quand on se laisse aller à confier des pensées intimes. Clotilde vit bientôt, d'abord, qu'elle n'était pas comprise, ensuite que Louise s'intéressait beaucoup plus aux changements de physionomie de l'enfant qu'elle tenait sur ses genoux qu'au récit de ses différends de famille. S'interrompant brusquement elle-même, elle prétexta l'heure avancée, et sortit précipitamment.

Dans la situation d'esprit où elle se trouvait, le résultat de ces deux visites mettait le comble à ses angoisses. La piqûre d'épingle est douloureuse au cœur déjà blessé. Cette goutte de baume dont elle était avide lui était refusée ; ce roseau de l'amitié, sur lequel elle désirait s'appuyer un instant pendant ses premières défaillances, se brisait sous sa main. Alors, dans le vide qui se faisait autour d'elle, un souvenir lui vint : elle se rappela Mlle Bruneville, cette amie si sûre, si sage, si parfaitement bienveillante. Sa porte était à deux pas, elle alla y frapper. On l'introduisit dans le salon. Mlle Bruneville écrivait. En entendant sa porte s'ouvrir, elle releva les yeux. Clotilde en toilette du matin, le pied hésitant, la figure troublée, était sur le seuil. Le visage serein de Mlle Bruneville n'exprima ni indifférence ni triomphe. Elle alla vivement à la jeune femme, lui prit la main, la conduisit à un fauteuil, et lui dit :

— Je t'ai dit que, quand tu souffrirais, tu me trouverais sans rancune et sans ressentiment. Sois la bienvenue, mon enfant.

Et il y avait dans sa voix une tendresse et une mansuétude si vraies, que Clotilde, à ces paroles affectueuses, que son pauvre cœur brisé attendait comme une rosée, se laissa tomber sur le fauteuil et fondit en larmes.

Mlle Bruneville s'était rassise près d'elle.

— Clotilde, dit-elle au bout de quelques minutes, pleurer soulage ; mais il me semble que tu as autre chose à faire qu'à répandre des larmes stériles.

— C'est que je suis si malheureuse ! murmura la jeune femme.

— Je le sais; mais calme-toi, et, si tu me crois digne de ta confiance, comme le prouve ta démarche, dis-moi ce qui te fait pleurer ainsi.

Et Clotilde dit tout.

Pour la première fois de sa vie de femme peut-être, elle fit un récit simple et vrai.

— Une seule chose me surprend, dit Mlle Bruneville quand elle eut fini, c'est que la conduite de M. de Branefort t'étonne. Qu'as-tu fait de ses enfants? qu'as-tu fait de son repos? qu'as-tu fait de son bonheur? Te l'es-tu parfois demandé?

Clotilde baissa la tête et garda le silence.

— Je te demande pardon d'être aussi cruellement véridique, reprit Mlle Bruneville; mais il est temps que tu regardes bien en face la situation que tu t'es faite. Tout despotisme n'a qu'un temps, et c'est prendre la vie à rebours que la prendre ainsi que tu l'as prise. L'exil de tes belles-filles seul est un acte qui devait t'ôter l'estime du monde, et, ce qui est bien pis, la confiance et l'affection de leur père

— Mais pouvais-je penser que Robert agirait avec cette sévérité? s'écria Clotilde; pouvais-je, en me plaignant de Béatrix, prévoir la scène qui s'est passée entre eux ?

— Ma chère amie, quand un mineur a placé sa poudre et allumé sa mèche, il s'attend à l'explosion, il me semble. Sans connaître à fond cette scène décisive, j'affirmerais que tu la préparais depuis longtemps par les récriminations, les plaintes, les injustices.

— Béatrix et Pauline ne m'ont jamais aimée, ma tante.

— L'amour naît de l'amour ; il fallait d'abord les aimer.

— Mais, ma tante, je vous assure bien que...

— Veux-tu être franche ? Veux-tu juger une fois sainement les choses, pour essayer de réparer un mal dont tu es la première à souffrir ?

— Oui, oui.

— Alors laisse-moi te parler sans détours, et qu'il n'y ait plus de dissimulation dans tes paroles. Je ne veux pas accuser les intentions, mais les actes ont été mauvais. Deux lignes de conduite s'offraient à toi. Par l'une, tu travaillais à ton perfectionnement, et tu devenais vraiment la mère de Béatrix et de Pauline ; tu te créais une famille pour l'avenir. Béatrix peut se marier un jour ou l'autre, mais non Pauline, et dans cette jeune fille qui, disgraciée physiquement, a le cœur aimant et l'esprit élevé, tu te préparais une compagne, une amie dévouée. Par l'autre, tu ne prenais aucun souci de ces enfants ; plus tard, tu leur témoignais de la froideur, de la malveillance, tu les détachais de leur père : en semant ainsi à pleines mains la mésintelligence et la discorde, tu n'as récolté que la désaffection, et te voilà maintenant seule dans la vie.

— Oui, seule, répéta Clotilde en joignant les mains.

— Et sais-tu pourquoi tu as agi ainsi ? pourquoi tu as démoli pierre à pierre l'édifice de ton propre bonheur, le sais-tu ?

— Non, au fond je ne le sais pas.

— Mon Dieu ! c'est parce que tu n'as voulu vivre que d'une vie factice, étourdissante, irréfléchie. Auprès de la vie qui paraît, qu'un tourbillon emporte, que le plaisir entraîne, que le bonheur du moment dore de ses chauds rayons, il y a la vie qui ne paraît pas, la vie intérieure, la vie de l'âme. Là, la conscience est souveraine et le devoir souverain ; là s'élaborent mystérieusement les actes de la vie extérieure. Quelque jeune, quelque charmante, quelque enivrée que soit une femme, elle ne peut, sans tomber dans les plus lourdes fautes, détruire en elle ce sanctuaire où luttent les passions bonnes et mauvaises avant de se produire au grand jour. Et j'en dirai autant de tout être qui a une âme. Si au lieu de consacrer tes heures de solitude, — et quelque agitée que soit une vie il y a toujours des heures de solitude ; — si au lieu de consacrer ces heures mélancoliques à préparer de petites coquetteries, de petites attaques, de petites vanités, tu les avais employées à descendre en toi-même, à interroger tes intentions, à te rendre compte de tes sentiments, crois-tu donc que tu n'aurais pas mieux rempli tes obligations?

— Je n'en disconviens pas, ma tante ; mais Robert ne m'a jamais prise au sérieux, je crois ; et, vous le savez, j'ai été mal élevée.

— Je sais qu'on est bien aise de rejeter ses

torts sur les autres. De là, ce mot si souvent prononcé comme une excuse : J'ai été mal élevée. Je le veux bien ; personne ne t'a donné de salutaires exemples; personne ne t'a parlé à temps un langage sérieux, vrai ; personne ne t'a appris à réfléchir. On t'a, comme à plaisir, fermé les yeux et conduite par la main ; et, le moment venu de te conduire toi-même, tu as été éblouie, aveuglée, et tu as pris une fausse route. Que cela soit ainsi, les choses étant mises au pire, je te l'accorde; mais pourquoi as-tu volontairement refermé les yeux ? Pourquoi, arrivée à l'âge où l'on raisonne, à l'âge où l'on agit, n'as-tu pas eu le courage de redresser ce qu'il y avait de défectueux en toi, et de contracter de bonnes habitudes? Mais non, on fait un mauvais usage de sa liberté, et on dit : J'ai été mal élevée ; comme si chacun de nous ne devenait pas, à un certain âge et dans une certaine mesure, responsable de ses actes. Ce qui nous entoure exerce certainement une grande influence sur notre conduite; mais nous dégageons bien souvent notre personnalité de ces influences pour agir suivant nos passions ; nous le ferions pour le bien, si nous en avions la volonté. On ne suit jamais fatalement d'ailleurs l'exemple d'autrui ; il y a souvent faiblesse, souvent mauvais vouloir. Enfin, tu reconnais tes torts, tu n'accuses plus les innocents, c'est beaucoup. Il s'agit maintenant de remédier au mal. Seule, tu peux savoir comment t'y prendre, et je ne ferai que t'indiquer deux moyens avec lesquels on ose tout : la prière et la réflexion. Ce seront tes auxiliaires dans la tâche que tu entreprends, et qui est beaucoup plus difficile qu'il y a dix ans. Rappelle-toi les bijoux du fond de la corbeille. Tu les as dédaignés, tu as froissé des cœurs qui se tournaient naturellement vers toi. Maintenant, tu auras à vaincre des résistances, de fortes préventions. As-tu vraiment bonne volonté ?

— Oui, dit Clotilde avec une fermeté d'accent que sa voix mélodieuse n'avait jamais prise ; mais de quelle façon m'y prendrai-je, mon Dieu ?

— En réparant d'abord la monstrueuse injustice que tu as fait commettre, en faisant rappeler Béatrix et Pauline. Pour cela accuse-toi près de ton mari, s'il le faut; avoue-lui franchement tes torts à leur égard, et va toi-même les chercher à leur couvent.

— Je le ferai, ma tante; mais j'ai une grâce à vous demander.

— Laquelle?

— Vous m'accompagnerez.

— Je le veux bien.

— Merci, dit Clotide en se levant, je vais m'occuper de cela.

Et elle ajouta en hésitant :

— Si j'écrivais à Robert?

— Prends garde, dit Mlle Bruneville, tu recules au premier pas. Une lettre vaudra-t-elle une démarche de ta part? C'est à toi à le dire.

— Je vais prendre une voiture et partir sur-le-champ pour la Villa-Clotilde, dit courageusement la jeune femme, Si, comme je l'espère, j'obtiens le rappel de Béatrix et de Pauline, je serai ici demain à onze heures. Cette heure vous convient-elle?

— Parfaitement.

— Alors, adieu, chère tante, et merci; vous m'avez fait du bien.

Elle sortit toute fortifiée. Son visage fatigué n'avait plus la même expression. Sous la douleur morne, le repentir efficace et les résolutions généreuses germaient.

Le lendemain, Clotilde se représentait chez Mlle Bruneville à l'heure qu'elle avait elle-même indiquée. Elle paraissait abattue, presque plus découragée que la veille. Ainsi que cela arrive souvent, M. de Branefort, après s'être montré bon jusqu'à la faiblesse, se montrait disposé à se montrer aussi injuste dans sa rigueur à l'égard de sa femme qu'il l'avait été dans son aveuglement pour ses filles. L'aveu pénible qu'elle lui avait fait, son repentir, ses bonnes intentions, avaient, pour ainsi dire, augmenté son irritation. Il avait été dur, exigeant, amer. Au lieu de lui tendre la main dans ce travail de transformation qu'elle jugeait elle-même nécessaire, au lieu de la remercier de sa franchise, de sa bonne volonté, il n'avait su que lui reprocher sa conduite passée, et il avait crûment douté de l'avenir.

Mlle Bruneville la réconforta par quelques bonnes paroles, et, comme elle avait obtenu d'aller elle-même chercher ses belles-filles, elles montèrent immédiatement en voiture. Une heure plus tard, elles entraient dans le grand parloir de l'établissement où Béatrix et Pauline avaient été élevées, et il y avait à peine cinq minutes qu'elles y étaient, que la porte s'ouvrit devant Béatrix. En apercevant sa belle-mère, elle tressaillit, et s'arrêta craintivement sur le seuil, comme si elle n'osait pas avancer. Clotilde ne lui laissa pas le temps d'hésiter davantage. Se levant précipitamment, elle courut à elle, l'embrassa longuement, tendrement, et, gardant ses deux mains entre les siennes, plongea ses yeux dans les siens et dit d'une voix émue :

— Béatrix, j'ai eu tort, je viens te chercher ; dis-moi que tu me pardonnes.

A ces paroles inattendues, Béatrix se tourna machinalement vers Mlle Bruneville comme pour l'interroger.

— Ta mère regrette vivement ce qui s'est passé, dit Mlle Fanny ; elle veut que désormais la meilleure intelligence règne entre vous. Ne veux-tu pas oublier ces tristes querelles, mon enfant, et revenir près de ton père qui souffre tant de votre absence?

— Si je le veux! s'écria Béatrix avec élan, oh! de tout mon cœur.

La glace était rompue. On échangea des caresses, des promesses, et Clotilde se sentait le cœur tout allégé quand parut Pauline. Pleine de confiance cette fois, elle courut au-devant d'elle; mais elle s'arrêta presque aussitôt interdite et confuse. Pauline avait reculé; et, sans trouble, sans émotion apparente, elle l'avait froidement saluée. Puis, sans prendre garde à son air décontenancé, elle alla présenter son front aux lèvres de Mlle Bruneville, et resta debout ayant l'air d'attendre qu'on s'expliquât.

La situation était embarrassante. Clotilde sentait les larmes la gagner; la joie de Béatrix s'évanouissait. Mlle Bruneville, voyant sa nièce rester immobile, prit enfin la parole.

Pauline l'écouta les yeux baissés, et, quand elle finit :

— Vous avez fait un acte de justice, et je vous en remercie, madame, dit-elle d'un air glacé; mais, jusqu'à ce que mon père ne vienne lui-même me chercher, je resterai ici.

— Je suis venue, Pauline, murmura Clotilde avec effort, n'est-ce pas la même chose?

Pauline hocha la tête.

— Non, dit-elle, oh! non.

Et ce fut en vain que Clotilde essaya d'ébranler sa résolution; ce fut en vain que Mlle Bruneville se joignit à elle pour lui faire comprendre qu'elle était bien véritablement rappelée, elle persista dans son refus de les accompagner. Quand elle apprit que Béatrix s'était engagée à retourner sous le toit paternel, elle devint très-pâle, et tourna vers elle ses grands yeux tristes.

— Si tu restes, je resterai! s'écria Béatrix en se jetant à son cou.

— Tu vois ce que produit ton opiniâtreté, mon enfant, dit Mlle Bruneville; ta sœur, si tu demeures ici, voudra y demeurer; tu éternises ces déplorables discussions, tu fais le malheur de ton père.

— Il aura Béatrix, dit Pauline d'un air sombre.

— Et comment veux-tu que j'aie un instant de plaisir, te sachant ici triste et seule ? s'écria Béatrix.

— Mais si j'allais ailleurs ?

— Où, ailleurs ?

— A Branefort, par exemple. Là, je ne serais pas seule du moins.

— C'est vrai, dit Béatrix, te sachant là, je pourrai peut-être attendre.

— Eh bien ! demande à mon père qu'il me permette d'aller chez ma tante, puisque cela arrangera tout le monde.

— Pauline, Pauline ! dit Béatrix douloureusement.

— Je le lui demanderai, s'empressa de dire Clotilde. Mais promets-moi de nous revenir après un séjour de quelques semaines à Branefort, sans regret et sans rancune, ajouta-t-elle en lui tendant la main.

Sur un regard suppliant de Béatrix, Pauline mit une main inerte dans la main qu'on lui tendait et reçut sans s'émouvoir les derniers embrassements de sa sœur qui lui murmurait à l'oreille :

— Après ma visite à papa, j'irai où tu seras.

Il y avait à prendre l'exeat pour Béatrix ; les trois dames quittèrent le parloir.

Quand la porte se referma derrière elles, Pauline se laissa tomber sur une chaise ; et, pressant son front entre ses mains par un geste de désespoir :

— Oh ! Béatrix ! murmura-t-elle d'une voix brisée, on te fait m'abandonner aussi. Me voilà maintenant seule, seule ! toute seule !

X

BÉATRIX A PAULINE.

La Villa-Clotilde.

« Ma chère Pauline,

« Il me semble qu'il y a un an que nous sommes séparées, et je t'écrirais tous les jours si je m'en croyais. En consentant à suivre madame de Branefort, je croyais bien te voir arriver au bout de quelques jours, et c'était pour moi une souffrance intolérable de te laisser à la pension. Ne te décideras-tu pas bientôt à revenir sur ta décision, Linette? n'as-tu pas envie de revenir près de nous ? J'ai un battement de cœur à chaque lettre que reçoit papa ; il me semble que tu lui écris : Je reviens. Il n'est plus le même depuis mon arrivée, m'a-t-on dit. Il était triste, il est presque gai ; il était souffrant, il se porte à merveille. Je craignais beaucoup le premier moment ; toi n'étant pas là, je n'avais pas besoin de craindre. Il nous attendait avec impatience, et nous nous sommes embrassés comme si rien de désagréable ne s'était passé. Quant à Mme de Branefort, je ne la reconnais plus. Je regarde et j'écoute, stupéfaite. Elle fait tant d'efforts pour être bonne, elle s'applique tellement à nous faire mutuellement oublier les démêlés qui ont eu lieu, que je me sens parfois prête à l'aimer tout de bon, et il est si bon d'aimer les siens que je ne m'en défendrais pas, si je ne craignais de la voir retomber dans son ancien caractère, si surtout tu n'étais pas éloignée de moi, ma chère petite sœur. Tu me manques à la Villa-Clotilde; tu me manquerais partout. Je me couche le cœur gros tous les soirs en me retrouvant seule dans ma chambre. Si papa avait paru indifférent, je serais allée te rejoindre ; mais il paraît si heureux de m'avoir, que je n'ose pas demander à le quitter. Après le plaisir de l'embrasser, j'ai été bien malheureuse les premiers jours. Je ne pouvais vaincre la défiance que j'éprouvais à l'égard de notre belle-mère ; et cependant elle était bien affectueuse, bien douce. Voilà quinze jours que cela dure, et ce serait méchant à moi de ne pas reconnaître ses bontés. Quand papa lui parle sévèrement et fait des allusions au passé, et que je vois des larmes dans ses yeux, je pleurerais bien moi-même. Elle me propose de me conduire à toutes les parties qui se forment aux environs; mais tu sais bien, Linette, que j'aimerais mieux être avec toi, et ne pas bouger de la Villa-Clotilde, que d'aller m'amuser avec la pensée que je ne te retrouverai pas en revenant. Écris-moi tout de suite, je t'en prie. Papa a écrit à ma tante Thérèse d'une manière très pressante et ma lettre ira peut-être te chercher à Branefort. Ah ! je ne puis me faire à l'idée que nous serons encore longtemps séparées; et toi, méchante, tu dis : Toujours. Ne dis cela à personne, Linette, car cela me fait un chagrin affreux, bien que je ne veuille pas y croire. Je t'embrasse bien tendrement, chère petite sœur.

« BÉATRIX. »

PAULINE A BÉATRIX.

Sainte-Croix.

« Tu es bien meilleure que moi, ma chère Béatrix, puisque te voilà prête à pardonner tout à Mme de Branefort. Pour moi, je le sens, si je n'étais pas chrétienne, je haïrais cette femme, qui me sépare de ma sœur et qui m'a enlevé l'amour de mon père, de mon père que j'aimais tant. Mais je lui pardonne, puisqu'il le faut, non pas à ta manière, je dois l'avouer, à la mienne. Je ne lui désire aucun mal ; s'il était en mon pouvoir de lui rendre service, je le ferais ; mais retourner vivre sous le même toit qu'elle, mais l'appeler ma mère, mais l'aimer comme une fille, jamais!

« Et, en cela, je ne fais que l'imiter, car elle ne m'a jamais aimée. Te souviens-tu de la scène des pralines? Jamais l'impression qu'a faite cette scène sur mon esprit d'enfant ne s'est effacée. Je fus jalouse ce jour-là, Béatrix, jalouse de toi, et je me sentis méprisée par elle. Et, depuis, quelles humiliations ne m'a-t-elle pas fait subir? quelle froideur ne m'a-t-elle pas témoignée?

« Et j'ai été d'autant plus sensible à sa cruelle indifférence que j'avais commencé par beaucoup l'aimer. Tu ne vas pas me croire, ma sœur, et cela est vrai pourtant, je l'aimais. Elle était si gracieuse, si séduisante avant son mariage, que je m'étais prise à l'idolâtrer. Il lui aurait fallu une bien petite dose de bonté pour m'entretenir dans ces sentiments, et, même après les plus criants actes d'injustice, au premier sourire, au premier baiser, je me reprenais à l'aimer. Mais elle a tellement marché sur mon cœur, que toute affection s'en est enfin exilée, et quand ton tour est venu, j'ai pris un triste plaisir à analyser tout ce qu'elle nous faisait souffrir; j'ai détesté son égoïsme; je me suis intérieurement révoltée contre sa capricieuse tyrannie. Je ne sais pas si elle est sciemment méchante, mais je sais qu'elle a vécu de méchancetés. Au reste, n'en parlons plus; mon cœur est ulcéré; je ne puis changer mes sentiments, et je suis irrévocablement décidée à vivre loin d'elle. Tu comprends que depuis ton départ ma vie n'est plus la même à Sainte-Croix. Ensemble nous pouvions nous intéresser à l'existence des pensionnaires actuelles, jouir de la paix qui règne ici, nous complaire dans nos souvenirs. Toi partie, tout me devient indifférent. Je n'assiste même plus aux récréations. J'aimais à te voir jouer avec les grandes, à te voir danser, courir, bondir comme un enfant; tes éclats de rire me faisaient du bien. Maintenant, ces gaietés enfantines m'attristent en me rappelant mon enfance, si morne et si maladive. J'ai aussi laissé les travaux que nous avions entrepris ensemble. Si j'étudie mon piano, si je dessine, c'est pour faire plaisir à la mère Amélie qui s'est fait ma garde-malade in-

tellectuelle et qui soigne de ses mains d'ange
mon cœur meurtri. Mais je n'ai garde de l'instruire de nos démêlés de famille. Elle combattrait avec cette suave et irrésistible éloquence,
qu'elle prend au ciel, mon orgueilleuse résistance, et je ne veux pas qu'on la combatte. Et
pourtant, mon Dieu! je souffre, je souffre cruellement d'être séparée de cœur de mon père.
Depuis ma plus petite enfance, j'avais instinctivement pressenti que ma famille serait mon univers. J'avais remarqué que les membres déshérités pouvaient chez eux se faire aimer, se rendre
utiles, indispensables même. Te rappelles-tu
qu'à dix ans je voulais apprendre le whist pour
faire la partie de papa? Je n'ai surmonté ma paresse pour l'étude du dessin, je n'ai sérieusement
cultivé ma voix, que pour lui faire passer d'agréables moments. Chaque ride que je voyais se
creuser sur son visage, chaque cheveu qui
blanchissait sur ses tempes me rattachait à lui.
Il vieillit, pensais-je; le monde le fatigue ; bientôt il sera tout à moi; bientôt je deviendrai un
élément de bonheur vrai dans sa vie. Je ne faisais

pas là un calcul égoïste, Béatrix ; je savais que Mme de Branefort finirait par se nourrir d'ennui, et par mener de son côté une vie incolore, insignifiante ; je savais que tu te marierais un jour ou l'autre, et je me voyais donc tout naturellement chargée de soutenir la vieillesse, d'endormir les regrets d'un père chéri. Tout cela a croulé ; notre affection mutuelle est éteinte. Il a été dur, injuste, j'ai été insoumise ; nous nous sommes heurtés, nos vies se séparent. Et pourquoi? Parce qu'il y a entre nous une femme sans amour et sans justice avec laquelle je ne saurais vivre. Je ne voulais plus traiter ce sujet et j'y retombe toujours. Pardonne-moi, ma Béatrix ; nourris-toi de tes illusions, mais conserve-moi une bonne place dans ton cœur dévoué.

« PAULINE. »

BÉATRIX A PAULINE.

La Villa-Clotilde.

« Ta lettre m'a bien attristée, ma chère Pauline, attristée au point de me donner le désir de retourner à Sainte-Croix. Mais je ne veux pas encore penser que toute réconciliation est impossible, et je veux y travailler de toutes mes forces. Si le changement de Mme de Branefort ne me paraissait pas sérieux, je la fuirais de nouveau. Le croyant sincère, il me reste à persuader de cela ma chère et opiniâtre petite sœur; il me reste à décider mon père à suivre plutôt ses sentiments d'indulgence paternelle que son orgueil blessé. Allons, Linette, réédifie tes plans; tu n'as jamais été plus près de leur réalisation. De fait, tu es indispensable à mon père. Ni elle ni moi n'avons ce qu'il faut pour distraire son esprit et occuper son temps. Notre musique médiocre le fait fuir; nous ne possédons aucun de tes talents; nous ne pouvons partager aucun de ses passe-temps favoris. Comme tu lui manques, ma sœur! Et pendant qu'il gémit intérieurement de ton absence, tu déplores amèrement ta solitude. A ta place, je sais bien ce que je ferais. Je louerais une voiture, je demanderais à la supérieure une sœur converse et j'arriverais à la Villa-Clotilde où tous les bras s'ouvriraient pour me recevoir. Si j'étais à la place de papa, j'oublierais que ma fille, en défendant les intérêts de sa sœur, s'est un peu laissé emporter par la passion; je ferais atteler ma voiture et j'irais moi-même à Sainte-Croix lui répéter que je n'ai jamais cessé de l'aimer. Malheureusement, comment faire entendre raison à deux personnes qui veulent croire que l'une ne pardonne pas à l'autre, et qui, tout en s'aimant follement, se figurent qu'elles ne s'aiment plus? Pourquoi vivre ainsi éloignés, séparés, désespérés, quand la réunion ne tient qu'à un fil tissé par l'amour-propre? Avec quelle joie je couperais ce fil! L'obstacle entre vous, c'était Mme de Branefort, ses exigences, ses injustices, ses égoïsmes, ses trahisons. Mme de Branefort n'existe plus, du moins celle que nous avons connue. Si tu ne me crois pas, Linette, viens donc y voir. Une certaine petite gêne existe toujours entre nous, mais ce n'est plus l'antipathie d'autrefois. Chacune de nous veut la paix, la paix à tout prix, et aucune concession ne nous coûte. Mme de Brancefort a souvent les yeux rouges, je crois que papa lui fait payer cher ses faiblesses passées. Sais-tu que je me demande pourquoi ma tante Thérèse te laisse à Sainte-Croix. Je vais lui écrire de nouveau. Je te voudrais dans ce vieux Brancefort; mais je te défends de t'y plaire. Ne va pas t'imaginer que papa consente jamais à te permettre de vivre là. Non, non, il te désire, il te veut, j'en suis sûre. Seulement il te prête une rancune que tu n'as pas, et c'est ce qui le fait persister dans sa résolution de te laisser parfaitement libre de revenir ou de ne pas revenir.

« Et moi donc ! Ah ! ma sœur, si tu voulais rendre ta Béatrix tout à fait heureuse, ce serait de te diriger vers la Villa-Clotilde le jour où tu sortiras de Sainte-Croix.

« A bientôt ! je t'embrasse et t'attends.

« BÉATRIX. »

PAULINE A BÉATRIX.

Branefort.

« Ma chère Béatrix,

« Ma tante Thérèse est venue elle-même me chercher et nous sommes parties le jour même pour Branefort. Le pays a une tristesse sauvage qui me plaît, mais qui m'attriste. Je m'y ferai. Je reste des heures à écouter ce flot qui se brise à quelques centaines de pas de moi sur ces beaux rochers qu'il creuse. Si la maison est assez triste, les habitants sont gais à leur façon. Mon oncle et ma tante Thérèse sont à la fois les meilleurs amis du monde et les ennemis les plus acharnés. Ils se disputent sur tout, à propos de tout, pour des riens. Ma tante Lucie rit en les voyant gesticuler; mais, hélas! ce rire-là n'égaye pas. J'ai éprouvé quelquefois de folles et terribles révoltes intérieures; j'ai pleuré bien amèrement sur mon infirmité; j'ai eu, ce qui est un affreux supplice, honte de moi-même. La vue de ma tante Lucie m'a fait faire de salutaires réflexions. Être affligée ainsi, vivre ainsi, voilà vraiment ce qui est triste. Ma vie, dans ce milieu, dans ce pays inconnu, n'a rien de bien désagréable. Je n'ai pas, comme ma tante Thérèse, des goûts agricoles, et je passe mes journées à travailler dans l'embrasure d'une fenêtre. Ma tante Lucie me fait pendant. Il faut l'avouer, les Branefort ont ici de pauvres représentantes. Mon oncle lit et fume; nous, nous travaillons en silence. Je travaillerai pour toi ; cela donnera de l'intérêt à mon ouvrage. Je m'arrête parfois, j'écoute parler la mer, je regarde ce salon aux vieux lambris sombres comme mon cœur, et ma pensée, d'ici, se reporte à la Villa-Clotilde, si riante, si gaie, si élégante. Oui, je pourrais être heureuse là entre toi et mon père. Nos souvenirs d'enfance sont là ; là devait s'écouler ma vie. Et me voici sur un rocher, vivant entre trois vieillards, sans toi, ma Béatrix, toi qui es mon étoile, mon bon ange. Les mauvaises pensées viennent en foule ; assez, assez! Si tu en as le courage, embrasse une fois mon père, en lui disant : « Pour Pauline. » J'ai, comme lui, le caractère violent, mais je l'aime ; oh ! je l'aime plus que je ne puis te le dire. Mais lui !... Adieu, adieu, chère Béatrix ! N'oublie pas que tes lettres seront mes bonheurs dans mon exil. Écris-moi souvent. Je t'embrasse de tout mon cœur.

« Pauline. »

BÉATRIX A PAULINE.

La Villa-Clotilde.

« Puisque tout est triste pour toi là-bas à Branefort, chère sœur, pourquoi veux-tu y demeurer ? Cela nous désole tous. Oui, tous ; et maman, à laquelle tu gardes tant rancune, en paraît très-affligée. Elle a été bien injuste, bien indifférente, c'est vrai ; mais elle a changé, crois-moi, mais crois-moi donc. Nous passons nos journées ensemble, nous faisons de la musique ensemble, nous travaillons ensemble, nous lisons ensemble les livres que nous recommande Mlle Bruneville, que maman va voir sans cesse. Chaque fois que je reçois des lettres de toi, elle me demande de tes nouvelles. Elle est bien malheureuse de penser que tu persistes à la regarder comme une étrangère, et que ce n'est qu'à cause d'elle que tu refuses de revenir à la Villa-Clotilde. Ce que je te dis là est vrai, très-vrai. Cela te semblera incroyable, mais cela est. Je te le répète, elle n'est plus la même, elle veut nous aimer et se faire pardonner ses torts passés. Oh! comme elle t'aimerait si tu voulais! Quand nous lisons et que nous ne comprenons pas bien un passage, elle dit : « Si Pauline était ici, elle « n'hésiterait pas, elle! »

« Elle s'est privée de son grand cabinet de toilette pour t'en faire une charmante petite chambre toute rose. Elle l'arrange, la pare, et on l'appelle la chambre de Mlle Pauline. Quand nous allons en ville, et qu'elle voit une jolie chose, elle l'achète pour toi. Cette petite chambre-là contient une foule de jolis riens. Elle vient me consulter sur tes goûts, elle se reproche de

n'avoir pas encouragé ton amour pour les arts.
Nous avons plusieurs fois essayé de chanter
Kenilworth : « Tu es une Amy Robsart suffi-
« sante, me disait-elle, mais je suis une triste
« Élisabeth. Il faudrait, pour rendre bien ces
« accents passionnés, Pauline avec sa belle voix,
« son sentiment musical, sa chaleur d'âme. » Et
tu te rappelles qu'autrefois elle trouvait que tu
avais une manière de chanter emphatique et
ridicule. Tu vois que j'ai aussi bonne mémoire
que toi, mais c'est pour comparer la justice
présente à l'injustice passée, et me réjouir.

« Hier je l'ai trouvée dans ta chambre ; elle
mettait sur un guéridon une de ces longues
coupes en cristal qui ressemblent au calice
d'une fleur, et elle y plaçait des roses. Des fleurs,
hélas ! pourquoi des fleurs dans un appartement
inhabité ? me suis-je demandé intérieurement,
et j'aurais bien pleuré à la vue de ce bouquet.
Un bouquet, cela annonce toujours la présence
de quelqu'un. Maman, en me regardant, a deviné
ce que je pensais.

« — J'éprouve une sorte de plaisir à mettre

des fleurs dans cet appartement, m'a-t-elle dit ; il me semble que je suis à la veille du retour de Pauline, et j'embellis sa chambre, afin qu'elle s'y plaise tant, qu'elle consente à nous rester.

« Nous nous promenons beaucoup en voiture, et nous visitons les voisins. Il y en a de bien aimables, et on arrange à l'avance de petites parties entre soi qui promettent. L'élégance de maman, ses petits airs méprisants, son luxe, avaient éloigné tout ce monde-là d'elle. Elle ne les voyait qu'en visite parée, et même, chez elle, elle écrasait leur simplicité sous une richesse de toilette vraiment absurde. Et puis, tu te souviens quels raisonnements elle faisait sur leurs équipages modestes, sur leurs manières. L'orgueil est vraiment bien sot !

« Elle a reconnu ces travers-là, et mon père en a été très-heureux. Avant, on ne visitait ses voisins qu'en calèche ; à présent on y court à pied ; on restait chez eux cinq minutes, on y passe l'après-midi ; on ne les invitait à dîner que pour faire défiler devant leurs yeux toutes les richesses d'un luxueux service, et on avait l'insolence de ne pas assister à leurs bons mais très-simples dîners; on leur offre le dîner de famille, et on accepte le leur.

« Ces deux ou trois familles ont tenu quelque temps rigueur; mais maman a tellement réussi à guérir leur fierté justement blessée, que les relations deviennent plus cordiales de jour en jour. Papa, qui compte là quelques amis de jeunesse, en est ravi.

« Notre satisfaction serait complète si tu ne restais pas volontairement éloignée de nous. Je ne parle pas de mon chagrin, à moi, mais tu ne sais pas combien cela fait de peine à mon père. Quand nous le voyons triste, préoccupé, silencieux, nous disons : « Il pense à Pauline. » Et ce qu'il dit nous le prouve. Par je ne sais quel hasard il est entré ce matin dans ta chambre. En voyant les roses il m'a dit brusquement :

« — Prends ces fleurs inutiles, et jette-les par la fenêtre.

« J'ai obéi, mais, comme j'allais les lancer, sa main a arrêté mon bras.

« — Non, m'a-t-il dit d'une voix singulière, donne-les-moi.

« Il les a prises et les a replantées tant bien que mal.

« — La vue de ces roses m'a d'abord fait mal, a-t-il ajouté; maintenant elle me fait plaisir, cela me donne presque à penser que ma fille est ici.

« Il est sorti sur ces paroles, dont je ne puis te rendre l'accent navrant, et s'est promené une heure dans le jardin, seul et triste.

« On m'appelle; le jardinier doit porter ma lettre en ville, et il est temps qu'il parte. Adieu donc, chère Linette, ne m'oublie pas près de nos parents, et surtout près de tante Thérèse, et dis-moi que tu vas revenir vivre auprès de ta sœur, qui t'aime à ne pouvoir se sentir entièrement heureuse sans toi.

« BÉATRIX. »

PAULINE A BÉATRIX.

Branefort.

« Ma chère Béatrix.

« Pourquoi viens-tu troubler la demi-tranquillité dans laquelle je vis? pourquoi m'écris-tu des choses qui me font pleurer de regret? Ah! s'il était vrai que mon père m'aimât encore à ce point! Mais non, tu veux, par bonté, essayer de me tromper, tu poursuis généreusement ton œuvre de conciliation, et pour cela tu me traduis tes propres impressions plutôt que celles des autres.

« Et je ne te crois pas. Mon père m'en veut, il m'en voudra toujours; il ne m'a pas écrit une seule fois, il n'a pas répondu à la lettre que je lui ai adressée pour le remercier d'avoir consenti à me laisser venir vivre à Branefort. Je ne me le représente plus qu'avec le visage irrité des dernières scènes; et, plutôt que de le voir me regarder avec ces yeux-là, je renoncerais à tout jamais au bonheur de le revoir. S'il paraissait tout à coup devant moi, tu me verrais pâlir et trembler. Je ne puis triompher de cette impression de crainte, et pourtant, mon Dieu! quand je pense à sa bonté et à son affection passées, quand je me rappelle ses attentions délicates pour sa pauvre fille disgraciée, je m'en veux, je m'en veux. Mais je ne puis vaincre ce sentiment mêlé de timidité et de crainte que tu ne peux comprendre, chère sœur, toi qu'on aime tout naturellement comme on aime ce qui est bon et beau. Tu n'es pas orgueilleuse, je le sais bien, mais enfin, tu as instinctivement confiance en toi-même ; tu devines partout des sympathies. Mais, moi! c'est mon lot ici-bas de n'attirer que la pitié ou que la répulsion. Le monde est injuste; le corps est laid, contrefait, qu'importe l'âme? Aussi je plaçais tout mon bonheur dans les affections de famille, et je souffre cruellement de m'en voir privée dans l'avenir. Tu te marieras, Béatrix, et je serai une étrangère pour ton mari; et tu auras beau faire, il pourra bien n'être pas assez généreux pour m'aimer comme un frère, car je ne suis pas aimable. Ma susceptibilité, je le sens, met tout le monde mal à l'aise autour de moi, mon père et toi exceptés. Être aimée par vous m'aurait suffi, et voilà pourquoi je ne puis être heureuse loin de vous.

« Ma tante Thérèse me témoigne une affection dont je lui suis bien reconnaissante ; mais nos caractères ont trop peu de rapport pour sympathiser entièrement. Sa vie active et solitaire, sa force d'âme, l'ont mise au-dessus des faiblesses ordinaires ; si bien qu'elle ne les comprend plus. Il lui manque peut-être un peu de cette délicatesse exquise qui distingue Mlle Bruneville. Elle ne va pas au fond de mes tristesses, elle n'en saisit pas les véritables motifs. Quand, pour excuser mes humeurs noires, je les attribue à une souffrance purement physique, elle ne devine pas que c'est un prétexte. Que n'ai-je son caractère !... Je ne connaîtrais pas la défiance de moi-même et des autres ; chaque piqûre d'épingle ne me ferait pas ainsi saigner le cœur ; je porterais sans honte cette enveloppe informe qui me rend antipathique à tous. Mais je ne l'ai pas, je ne l'aurai jamais. Malgré moi, cependant, sa bonne humeur, son inépuisable gaieté, influent sur ma propre humeur, et, je dois l'avouer, je me sens meilleure au contact de cette nature franche et dévouée. Ces jours-ci je suis moins aigrie, la religion et la conscience parlent enfin et me disposent à l'indulgence. Il n'est pas en mon pouvoir de me persuader que Mme de Branefort peut revenir de ses préventions contre moi et me traiter avec la bonté avec laquelle tu dis qu'elle te traite ; mais mon cœur se dégage de toute aversion, de toute rancune. Dis-le-lui si cela te fait plaisir, et offre-lui mon respect.

« Je n'ai pas autre chose à lui offrir. Tranquillise-toi, je me fais à la vie que j'ai embrassée. Vivre et mourir à Branefort me paraît acceptable ; nous vivrons ensemble au ciel, ma Béatrix.

« Ma tante Thérèse vient m'annoncer que notre tante Lucie paraît indisposée. Elle craint la petite vérole, qui, depuis plusieurs semaines, a fait apparition dans la paroisse. Je voudrais, pour être bonne à quelque chose, devenir sa garde-malade, ma triste figure ne craignant aucun ravage; mais je ne pourrais m'en faire comprendre, et je me vois dans l'impossibilité de remplacer ma tante Thérèse. Je vais cependant lui demander de me confier au moins la direction du ménage pendant qu'elle est occupée ailleurs. A bientôt donc, chère sœur; charge-toi, pour mon père, de mes timides tendresses; je lui écrirai sans tarder, et je veux espérer qu'il me répondra cette fois. Je t'embrasse de cœur.

« Pauline. »

BÉATRIX A PAULINE.

La Villa-Clotilde.

« Pauline, Pauline peux-tu m'écrire des lettres aussi navrantes, me donner à penser que tu ne quitteras plus Branefort, t'appeler une pauvre fille disgraciée! Le bon Dieu ne t'a-t-il pas prodigué les dons du cœur et ceux de l'esprit ; disgraciée, toi! Combien donneraient leur taille élégante pour tes deux beaux yeux si éloquents, si aimants. Tu t'abuses, ma sœur. Éloigne de toi ces pensées mauvaises et songe à jouir de ce qui t'a été donné. Non, non, ni pitié ni répulsion, mais une sympathie vraie qui te rend souveraine des cœurs. Décidément, je ne veux pas que tu restes dans ce vieux Branefort à te noircir l'imagination. Cette mer qui gémit toujours te communique quelque chose de plaintif que tu n'avais pas. Il te faut la Villa-Clotilde, ses riantes perspectives, ses paysages gracieux.

« La santé de Mme de Branefort étant très délicate, je me promène seule le matin. Je descends le verger, la lande et je fais une halte dans ce petit côteau où, enfant, tu rêvais de te bâtir un ermitage. Une fois là je fais une petite méditation qui commence par Dieu et qui finit par toi.

« Tout est si frais, si riant autour de moi, que je me demande pourquoi il faut que des larmes me montent aux yeux. C'est que tu n'es pas là, ma sœur, jouissant comme moi de ce calme et beau paysage. Oh! quand reprendrons-nous cette vie à deux qui nous était si douce et qui nous faisait accepter tous nos petits soucis d'alors! Maintenant que je puis chanter à pleine voix toute la journée, faut-il que la pensée de notre séparation vienne m'oppresser la poitrine! maintenant qu'au lieu du visage maussade qui nous attristait, je rencontre sans cesse un visage souffrant mais bienveillant qui me sourit, faut-il que je me déshabitue de sourire!

« Écoute, Pauline; nous avons tous assez souffert, il faut que ce désolant malentendu finisse, réunissons-nous, réunissons-nous.

« Ce sera mon éternel refrain, je ne puis accepter l'idée d'une séparation éternelle. Écris-moi bien vite une lettre plus consolante. Tu me fais broyer du noir et je porte dans nos réunions une figure préoccupée qui excite la mauvaise humeur de papa parce que cela lui rappelle le chagrin qu'il fait de vains efforts pour étouffer.

« J'embrasse ma tante Thérèse et tous les Branefort du monde et dix fois ma chère petite sœur. « BÉATRIX. »

PAULINE A BÉATRIX

Branefort.

« J'éprouve un sentiment profond de regret en te voyant si affectueusement déraisonnable, ma chère Béatrix. Voilà déjà deux grands mois que nous sommes séparées et tu dois penser que la réflexion froide a pris la place de la passion irréfléchie.

« Toutes ces déplorables scènes auront peut-être un résultat inattendu : celui de me faire accepter, jeune, la seule existence qui me convienne. Comprends-moi bien, ma sœur.

« Dans un avenir prochain ton mariage nous eût séparées. Or, je pose en principe que jamais Mme de Branefort et moi nous ne nous aimerons. Cependant, pour vivre en vis-à-vis, portant chacune notre poids de déceptions et de sacrifices, nous dévouant ensemble au même être, il faudrait beaucoup s'aimer, se pardonner beaucoup.

« Donc, toi partie, la situation se présentait

avec ses difficultés, ses désharmonies, ses périls. Et alors aurais-je osé quitter mon père? M'eût-il été possible de m'acclimater dans ce vieux domaine, dans le sol duquel, pauvre plante rabougrie, j'ai enfoncé mes racines en un moment d'orage.

« J'aurais évidemment beaucoup plus souffert.

« Ayons donc le courage de garder cette position neutre, puisque le bonheur de la réunion nous est interdit; je ferai tout pour adoucir le ressentiment de mon père; mais je crains qu'il ne veuille pas admettre ma résolution de ne plus vivre sous le même toit que Mme de Branefort.

« C'est cependant parce que je reconnais la vie commune impossible désormais que je consens à accepter courageusement l'exil qui m'a d'abord été imposé. Nous ne vivrons pas séparées pour cela, ma chère Béatrix. L'esprit et le cœur ne connaissent pas l'absence, et plus tard nous aurons, je l'espère, nos moments de réunion complète.

« Vivons sur cette espérance, et ne nous berçons plus d'illusions. Mon cœur est calme et sans haine, mais ma foi en Mme de Branefort est morte ; il faudrait un miracle de résurrection, pour que les rêves d'union passassent à l'effet de réalité. Il y a entre nos deux natures une telle dissemblance ; notre esprit, nos goûts, nos sentiments, sont tellement différents, que nous ne pourrions combler le vide que par une affection sincère, désintéressée. C'est faire appel au miracle, à l'impossible.

« Adieu, ma chère sœur, tiens-moi au courant de tes travaux, de tes plaisirs, de tout. Habites-tu toujours notre chambre, cette chambre verte dont le papier déteignait un peu sur nos figures ; ce qui te faisait rire si follement ? Les riens m'intéresseront ; dis-moi des riens si tu n'as pas autre chose à dire. En revanche, je te parlerai de ma vie solitaire, et ainsi nous vivrons séparées par l'espace, mais étroitement et à jamais unies par tout ce qui lie les âmes entre elles.

« Ta sœur affectionnée,

« PAULINE. »

BÉATRIX A PAULINE.

La Villa-Clotilde.

« Tu le veux, ma chère Pauline ; hélas ! il faut bien t'obéir. J'en suis arrivée à regretter les fièvres, les reproches, les scènes, car enfin de tout cela pouvait naître une bonne et solide réconciliation.

« Mais il n'y a plus à lutter contre le courant ; nous voguons sur une eau tranquille en apparence, le calme plat s'est fait. Patience ! un jour ou l'autre les bouillonnements souterrains remonteront à la surface ; la résignation factice s'évanouira, les cœurs enchaînés briseront leurs chaînes et s'élanceront les uns vers les autres. Seulement, seulement, ton opiniâtreté en ce qui regarde Mme de Branefort me déroute. Enfin le miracle se fera peut-être, puisqu'il ne faut rien moins qu'un miracle.

« Oui, j'habite toujours notre grande chambre.

Je n'ai pas voulu déloger; tu comprends dans quel espoir. Sans reprendre la grande polémique, je suis sûre qu'au premier rapprochement tu trouveras Mme de Branefort si changée, que tu consentiras bien à faire la visite que papa attend.

« Notre appartement est resté le même, absolument le même. Pardon, j'allais oublier de te prévenir qu'au-dessous de notre chère madone au manteau étoilé, notre père a fait suspendre une bonne copie d'un tableau du célèbre peintre anglais Wilkie, derrière lequel il a entrelacé lui-même un P et un B, nos initiales.

« Te rapelles-tu que tu parlais souvent de ta sympathie pour les œuvres de ce grand artiste?

« Tu ne connais pas cependant la *Souris échappée,* une de ses plus naïves, de ses plus jolies compositions. Ce petit tableau de genre est très-riant, très-animé; la vie y circule. Il a la grâce, le charme, la vérité, en un mot toutes les qualités précieuses qui distinguent les œuvres des grands artistes anglais et qui leur donnent une originalité réelle. Vraiment, cette scène semble jouée par des personnages vivants. Cette toile est parlante. Je vais te la décrire. Un jour, en te promenant dans n'importe quelle partie de la campagne britannique, tu as trouvé une humble maison dont la fenêtre était ouverte, et tu t'es indiscrètement penchée pour regarder. Un intérieur anglais t'est apparu brillant de sa propreté proverbiale. Tout semblait reluire : pas une toile d'araignée entre les poutres solides, pas un objet hors de place ; la lumière frappe sur l'armoire bien frottée, sur le pot bien net, sur tous les ustensiles de ménage bien rangés par la main d'une ménagère soigneuse. La scène qui se passe là est à la fois simple et comique.

« Une souris s'est échappée de cette souricière que tu aperçois renversée dans ce coin, et elle a fui, effrayée. Où est-elle ? Sans doute sous la chaise ou sous le rouet de cette gracieuse jeune femme qui a remonté si naturellement ses pieds et ses jupes pour ne pas donner asile à l'ex-prisonnière contre laquelle un enfant et un chien ont subitement organisé une chasse. Ils y mettent de l'ardeur, de la passion. L'un enfonce vivement son balai sous la chaise, l'autre y porte avidement son museau. Mais ce qui est bon à regarder, c'est, derrière le groupe affairé qui furète, la figure paisible et pourtant curieuse de la vieille mère qui a été attirée par le bruit et dont on n'aperçoit que la tête et la main droite contre la porte entrebâillée ; c'est la gaieté éclatante du mari qui a été si tellement saisi par le rire, que sa pipe lui est tombée d'entre les dents.

« Cette scène familière est un tableau peint de main de maître, chère Pauline, et les qualités du maître y rayonnent. Ses poses sont admirables de naturel, les gestes sont simples mais exactement vrais. La femme penchée pour regarder à ses pieds qui ne s'appuient plus que sur la pointe de ses souliers, le mauvais chien flairant, la queue dressée, le poil hérissé, l'homme riant les mains en l'air, le chapeau renversé, d'un rire franc qui vous gagne, tout jusqu'à cette malheureuse pipe qui s'est vidée dans sa chute et dont le contenu fume sur le plancher, concourt à rendre cette petite toile très-intéressante pour le regard.

« Voilà comment on comprend la peinture de

genre, comme la reproduction fidèle mais intelligente des scènes où se reflètent le caractère, les habitudes, les mœurs d'un peuple. Ici, maison et personnages sont bien anglais, le peintre national leur a donné un cachet auquel nul ne peut se tromper. Wilkie a mis un grand talent au service de la peinture de genre qui est montée au premier rang en Angleterre, et qui place devant nos yeux les scènes intimes, familières, le mouvement de tous les jours. C'est la vie réelle reproduite sous ses aspects les plus simples, les plus ordinaires; ce n'est pas le réalisme. En définitive, le sujet de ce tableau est des plus vulgaires: *une Souris échappée !* L'inspiration proprement dite n'a rien à voir là-dedans; il n'y a pas là une idée, un sentiment, un fait à idéaliser, c'est-à-dire à élever dans de hautes régions. Mais ce vulgaire est gracieux dans sa simplicité, dans sa vérité. Ce pauvre intérieur, cette famille d'artisans, n'offre pas un détail choquant, pas une figure repoussante ou grossière. Le visage de la mère est vénérable, celui du mari honnête, joyeux, ouvert; l'épouse est une belle femme aux bras ronds, à la taille gracieuse. L'artiste a peint une scène familière, il n'est pas descendu au trivial.

« Il n'y a donc pas à s'étonner que la peinture de genre ait acquis en Angleterre une vogue et une célébrité très-méritées. Ainsi comprise, elle attire, elle plaît, elle amuse. On regarde avec plaisir ces jolis tableaux d'intérieur comme on lit avec un intérêt des plus vifs une page de ces romanciers à l'esprit profond et singulièrement observateur qui, dans leurs ouvrages sans prétention, se montrent souvent bien supérieurs à nos romanciers épris de l'épouvantable, de l'étrange, de l'impossible. Wilkie est un peu le Dickens du pinceau. Ses œuvres, qui jouissent d'une grande popularité dans notre France, sont spirituelles, gracieuses, d'un naturel exquis, achevé.

« Il aime à peindre des scènes familières, mais il a su traiter d'une manière tout à fait supérieure des sujets plus élevés, plus saisissants, de grands sujets dignes en tout point de son pinceau. Dans la *Saisie*, la *Lecture d'un Testament*, la *Lettre*

13.

de recommandation, le *Retour inattendu*, l'effet dramatique, tu te le rappelles, est énergiquement, puissamment, et, ce qui est surtout remarquable, simplement rendu. Ne trouves-tu pas que je me lance, ma Linette? Ne pouvant t'écrire ce qui me remplit le cœur, je me jette sur ma *Souris échappée*.

« Je me suis laissé entraîner par ma description, j'ai griffonné sans mesure. Je te vois lisant mon grave article sur Wilkie et sa *Souris échappée*, contre la grande fenêtre d'où tu regardes la mer. Raconte-moi aussi quelque chose de bien long, ma chère Pauline, fais-moi part de ton esprit par lettre, il n'y a rien qui fasse autant oublier l'absence.

« Je t'embrasse de toute la force de ma tendresse.

« Béatrix. »

PAULINE A BÉATRIX.

Branefort.

« J'ai vu le tableau de Wilkie se refléter dans ta lettre comme dans un miroir, ma chère Béatrix. Il nous manquait cela dans notre grande chambre verte, une bonne petite toile dont la vue amène un sourire sur les lèvres.

« Ce qui m'a beaucoup amusée, c'est que j'ai reçu ta lettre au moment où ma tante Thérèse jetait sur mes genoux un carton en me disant avec cette brusquerie qui cache tant de délicate bonté : « Tiens, rêveuse, voilà qui va servir d'or-
« nement à ta chambre. Ces marmots m'ont plu,
« ils seront vraiment très-gentils accrochés à ta
« tapisserie. »

« Je lui ai adressé un sourire de remercîment et j'ai ouvert ta lettre qui m'a très-vivement intéressée. Après la seconde lecture, j'ai pris le carton apporté par ma bonne tante et j'ai aperçu, devine quoi? Une très-belle gravure d'après le tableau d'Henry : la *Cueillette des Nénufars*. T'en souviens-tu, nous l'avons un jour rencontrée sur la première page de notre journal. Tu revois, j'en suis sûre, cette riante scène, ce frais tableau.

« Du soleil à flots, des arbres qui verdoient, de l'eau qui miroite, des joncs qui s'agitent, des fleurs qui éclosent, des enfants : tout ce qui délasse et enchante le regard.

« Il s'agit de dérober à l'étang sa parure flottante de blancs nénufars, et les petits personnages sont tout entiers à leur moisson.

« Avec quelle grâce est couché sur le sol tiède le garçonnet qui semble attendre un signal pour saisir la fleur qui tremble et se mire dans l'onde limpide ! Quelle taille élégante, quel maintien aisé a l'adolescent qui entasse les fleurs dans le tablier relevé de la mignonne enfant dont la jolie tête penchée se dessine sur le ciel azuré ! Nous nous demandions à quoi pensait le quatrième petit personnage qui se tient à l'écart avec toute l'indépendance de son âge. Les autres agissent en commun. Elle a abandonné, elle, la cueillette, emportant une grande feuille dentelée qu'elle pose sur ses cheveux bouclés. Quel est son but? Cherche-t-elle à se garantir des rayons de ce brûlant soleil, ou plutôt, hélas! ne suit-elle pas, l'innocente, l'instinct d'une coquetterie précoce? Si l'on en croit ses yeux et son sourire, c'est bien une parure qu'elle a voulu faire et peut-être même en a-t-elle constaté l'effet dans le miroir qui touche à ses pieds nus, tant elle paraît naïvement persuadée qu'elle lui sied.

« Cette simple scène a pour moi, ma chère Béatrix, un attrait spécial. Tout y rit, tout y est jeune; c'est une page du livre de la vie à cette partie heureuse et irresponsable : l'enfance. Et il n'est pas d'être qui n'aime à retrouver parfois sur son chemin une vision de son innocent passé. On a toujours été enfant plus ou moins. Il y a eu un moment où tous tant que nous sommes, hommes au front grave, femmes à l'œil pensif, nous nous sommes baignés dans la lumière, nous avons même, au prix d'un danger, cueilli une fleur quelconque épanouie sous nos yeux souriants. Qui ne se souvient des courses furtives et frémissantes tentées dans les prés humides pour moissonner à pleines mains les fleurs qui poussent, malgré l'homme, au milieu des herbes utiles? qui n'a passé une main palpitante dans une haie parfumée pour en arracher cette jolie maison soyeuse où la vie vient de s'éveiller et qui s'appelle un nid? qui n'a nourri, protégé un de ces êtres, enfants perdus d'une nature éternellement féconde? qui ne s'est intéressé à un insecte, qui n'a élevé un oiseau? Et plus on s'éloigne de l'enfance, plus le sentiment, en colorant le souvenir, lui prête de charme et de poésie. Aussi, quand les yeux rencontrent une page peinte ou écrite qui retrace une de ces joies naïves, une de ces occupations enfantines, le sourire vient aux lèvres, mais le cœur se souvient et s'émeut. Aussi, chère Béatrix, ai-je longtemps regardé avec un plaisir mélancolique, la récolte des nénufars. J'ai tant aimé les fleurs, les nids, l'eau, les insectes, les fruits sauvages que chaque saison jette aux pieds du passant, et que l'enfant et le pauvre seuls ramassent : la châtaigne épineuse, la noisette au corset dentelé, la faîne brune qui tombe du haut des hêtres touffus, la mûre des haies, doux fruit qui croît dans les épines ! J'ai poursuivi de ma sympathie persévérante les jolis insectes qui peuplent l'air et les herbes l'été, et j'ai pleuré sur la mort d'un poulet. Hélas! ce n'était qu'un vulgaire poulet; mais, je te l'affirme, il avait, enfant, l'air, le maintien, la tournure d'un oiseau. Cette histoire naïve se place naturellement sous le patronage des petits moissonneurs de nénufars. Il faut que je te la raconte. Ceci s'est passé pendant une de tes absences.

« Tu le sais, je portais à tous les animaux de la création une affection profonde. Mon cœur s'émut donc bien fort quand la main de notre vieille bonne déposa un matin sur le marbre lumineux du foyer de ma chambre le petit être emplumé ou pour mieux dire destiné à l'être. C'était un orphelin. Sa mère et ses frères venaient d'être écrasés par la chute d'une poutre; lui qui picorait aux environs avait eu la vie sauve, mais on l'avait cru enveloppé dans le désastre général, et depuis la veille il grelottait dans son nid vide et froid. Ces heures d'abandon l'avaient rendu très-malade, et il avait l'air si vieillot, si malheureux, il laissait si mélancoliquement tomber sa jolie tête noire sur son petit jabot flasque, que je me sentis prise pour lui d'une de ces compassions passionnées qui mènent droit à la tendresse ; je l'adoptai, le soignai, le dorlotai; je lui bâtis, dans un grand sabot hors de service, une maison de coton et de duvet et j'obtins pour ma construction l'honneur d'une place dans la cheminée. Le pauvret avait l'organisme très-sain, mais il se mourait de froid. Le froid était son seul ennemi et le froid était bien difficile à conjurer en ces jours d'automne. Aux petits des oiseaux, Dieu donne non-seulement la pâture, mais il leur prépare sous l'aile maternelle un abri qui est une moitié de leur vie.

« La journée se passa bien, l'oiseau mangea, but, se secoua, et vers le soir il promenait son bec fin sur le duvet de ses petites épaules, et il ne laissait plus échapper de son gosier le gémissant cuic-cuic, qui me fendait le cœur. La nuit venue, je chauffai la niche, je posai d'autorité une large selle de ouate sur le dos de mon protégé et je le plongeai ainsi vêtu au fond du sabot tout entouré de cendres chaudes. Cela fait, je me couchai en pleine sécurité; mais j'avais à peine dormi une heure, que le lamentable cuic-cuic résonne à mes oreilles. Une mère ne vole pas plus vite au berceau de son enfant que je ne volai vers la cheminée. Hélas! le foyer s'était refroidi, la maison de coton aussi, la selle de ouate gisait à terre, et le poulet arpentait en chancelant le marbre glacé avec une petite mine funèbre qui m'effraya très-fort. Les grands dangers suscitent l'emploi des grands moyens. Je m'emparai de mon plaintif protégé, et je regagnai mon lit sur la pointe des pieds, je lui arrangeai à l'intérieur, entre mes bras arrondis, une couchette qui aurait pu faire, à l'oiseau, rêver de l'aile maternelle, si les oiseaux avaient comme les hommes la manie du rêve. Je m'étais naturellement promis de ne pas dormir dans la crainte d'étouffer la bête; mais les yeux de sept ans ont du plomb aux cils la nuit, et protectrice et protégé s'endormirent bientôt. Le lendemain à l'aurore une sensation étrange me réveilla, c'était un picotement assez dur sur ma joue, j'y portai la main les yeux fermés et je les ouvris tout grands en souriant. C'était le poulet qui me becquetait avec acharnement.

« Ce jour-là, je lui donnai un nom. Instinctivement on n'aime pas ce qui n'a pas de nom, et c'était d'ailleurs pour moi une façon d'affirmer mes droits de propriétaire. Je l'appelai Follette. J'avais décidé que Follette ne serait pas un coq orgueilleux et bruyant, et j'avais fait à ma manière tous les rêves de Perrette. Donc, Follette deviendrait une très-belle poule, elle pondrait de beaux œufs qu'on pourrait vendre au marché, elle deviendrait la mère de nombreux poulets qui seraient aussi l'objet d'un commerce très lucratif. Et tout cela s'opérerait sans que Follette se rendît coupable d'aucune infidélité envers moi, sa maîtresse : elle ne devait pas me quitter. De pot au feu, de broche, il ne serait naturellement jamais question. Ces affreux supplices n'étaient pas inventés pour elle ; elle devait grandir et vieillir sans craindre la fin ordinaire de ses semblables. Follette était devenue un poulet sacré.

« Nous passâmes plusieurs jours dans la plus douce intimité. Follette la frileuse prenait des forces. Le jour elle avait une petite place dans le corsage bouffant de ma robe à blouse ; le soir elle reprenait sa place dans le sabot ouaté, et toute la maison pensait qu'elle passait là la nuit. C'était une erreur ; je l'installais confortablement au coin de la cheminée, je la harnachais au grand amusement de tous et je lui souhaitais une bonne nuit. Mais à peine la lumière était-elle éteinte, à peine dormait-on autour de moi, que je me penchais hors de mon petit lit en murmurant doucement un appel. Follette sortait de son sabot, laissait tomber sa selle et trottait vers ma couchette dans laquelle elle disparaissait bientôt.

« Au milieu du jour nous nous promenions ensemble, et il fallait voir avec quelle sollicitude je suivais la petite vagabonde. Car Follette de sa nature était très-vagabonde, très-indépendante, très-imprudente, et sans la surveillance active dont elle était l'objet, elle n'aurait pas vécu un jour. Dans la maison, elle était toujours sous le pied de quelqu'un; dehors elle sautillait partout au risque de se noyer, de se faire écraser, de se perdre, et bien souvent, dans les sentiers dangereux, je lui mettais à la patte un fil de soie et je la menais ainsi en laisse pour plus de sûreté.

« Tout alla bien jusqu'au dimanche. Ce jour-là une grave difficulté se présenta. Il me fallait assister à la grand'messe et livrer Follette à des mains étrangères. Grandes furent mes angoisses. La servante qui restait à garder la maison était une fille grossière qui ne pouvait entrer dans mes infinies délicatesses de sentiment. Plusieurs fois déjà Follette avait été arrachée de dessous ses gros pieds, et elle avait ri brutalement de mes cris d'effroi; Follette, livrée à elle-même, courait donc des dangers réels. Si on l'enfermait dans la chambre, elle irait griller ses pattes au feu, par passion du chaud, ou s'étouffer maladroitement sous quelque meuble, par passion de l'inconnu; si elle sortait, elle était morte. Au moment de partir pour le bourg, mon agitation ne connaissait plus de bornes, et tout à coup, chassant toute importune réflexion, je pris Follette et la plaçai dans mon corsage. J'avais ma robe des dimanches : le corsage plat serra bien un peu la pauvrette; mais je lui ménageai de l'air, et nous partîmes l'une portant invisiblement l'autre. En entrant à l'église, une foule d'inquiétudes me vinrent. Mon père remarqua ma bonne tenue. Jamais je n'avais été aussi recueillie, jamais je ne m'étais tenue aussi droite et aussi convenablement immobile.

«-Je priais avec ferveur, je demandais pardon à Dieu d'avoir amené la pauvre Follette qui n'était qu'une bête, dans sa maison, d'où les chiens étaient ignominieusement chassés, et dans laquelle nul animal vivant ne séjournait.

« Follette du reste se conduisait avec une rare sagesse. Après s'être un peu démenée dans son étroite prison, elle s'était résignée, et je tombais dans un oubli heureux de son existence, quand un cuic-cuic aigu, désespéré, vint soudain ranimer toutes mes craintes.

« J'essayai, mais en vain, de calmer Follette, qui

voulait absolument sortir de cage et qui égrenait les cuic-cuic. Les *chut*, les caresses, les tapes même, tout resta inutile, et je n'avais pas d'autres moyens de persuasion. Comment raisonner un être sans raison !

« Devenue une sorte de tabatière à musique, j'inclinais la tête, je rougissais jusqu'aux oreilles, et ne levais plus les yeux de dessus le livre que je tenais à l'envers, que pour jeter autour de moi un regard plein d'épouvante. Dans mon trouble je ne m'apercevais pas que ce cuic-cuic, qui retentissait si douloureusement dans ma poitrine, se perdait dans les mille bruits de l'église. Cette messe me semblait interminable, et quand le curé monta en chaire pour le prône, des larmes me vinrent aux yeux. Les chants avaient cessé, Follette criait et se démenait de plus belle et toute l'église allait sûrement l'entendre. J'étais véritablement à la torture. Le prêtre se tournait-il de notre côté, c'était sans doute pour écouter le bruit insolite ; le chasse-gueux saisissait-il sa hallebarde, c'était pour venir embrocher l'intrus. Toute tête qui bougeait, tout mouvement qui se faisait me semblait un signe que j'étais découverte, et ma confusion dégénérait en souffrance.

« A un moment de silence, mon père se pencha vers moi.

« — Ne fais pas ainsi grincer les boutons de ta robe, dit-il, cela fait un bruit étrange et désagréable.

« Je baissai docilement la tête dans un signe affirmatif, et, véritablement exaspérée, je serrai entre mes doigts le bec de la petite révoltée, je la repoussai dans les profondeurs de mon corsage et je fermai durement toutes les issues. Ce que j'eus à souffrir de cette mesure ne se dépeint pas. La fenêtre close, Follette criait dans le désert, mais elle grattait, elle se traînait, elle picotait partout avec la fureur du désespoir. Je ne me rendais pas bien compte du grave danger que le poulet courait, je demeurai inflexible, et j'endurai héroïquement mes souffrances intimes. Bientôt d'ailleurs les mouvements de Follette diminuèrent de vigueur et ils cessèrent même tout à fait.

« — Elle en prend son parti enfin, pensai-je, je puis lui donner un peu d'air.

« Et je dégraffai un bouton.

« Follette avait en effet pris son parti, car elle ne remuait plus.

« — Elle dort! pensai-je; je lui donnerai un peu de pain mollet à midi pour la récompenser et même un peu de blé noir.

« Au sortir de l'église, étonnée de la vertueuse et constante immobilité de Follette et saisie d'une vague inquiétude, je plongeai la main dans ma robe et je l'attirai à moi. Hélas! hélas! Follette était morte étouffée ; je n'avais dans la main qu'un cadavre inerte.

« Et ce fut ainsi que je connus en même temps les deux mystères sombres de la vie : le chagrin et la mort.

« Je t'ai bien longuement entretenue de la vie et de la mort de mon poulet, ma chère Béatrix. Tu ne m'en voudras pas. Qu'importe la valeur de ce qu'on aime! Te rappelles-tu des vers charmants que nous avons lus un soir sous les pierres moussues de notre jolie fontaine. Une dernière citation, ma sœur. C'est Victor Hugo qui parle.

J'eus toujours de l'amour pour les choses ailées.
Lorsque j'étais enfant, j'allais dans les feuillées,
J'y prenais dans les nids de tous petits oiseaux ;
D'abord je leur faisais des cages de roseaux
Où je les élevais parmi les mousses vertes ;
Plus tard, je leur laissais les fenêtres ouvertes,
Ils ne s'envolaient pas ; ou, s'ils fuyaient aux bois,
Quand je les rappelais, ils venaient à ma voix.
Une colombe et moi longtemps nous nous aimâmes ;
Maintenant je sais l'art d'apprivoiser les âmes.

Hélas ! non, je n'ai pas cet art charmant, c'est toi, ma chère Béatrix, qui le possèdes dans sa plénitude. Jouis-en, fais-toi aimer, et fais part à tous des dons que tu as reçus. Ma nature ingrate et sauvage subit l'influence de ta nature bienveillante et joyeuse. Tu as été dans ma vie un rayon de soleil.

« Adieu, ma chère sœur ; ma tante Thérèse t'embrasse, mon oncle offre ses hommages à la belle Branefort seconde, et moi, je t'aime uniquement.

« Pauline. »

BÉATRIX A PAULINE.

La Villa-Clotilde.

« Ta lettre, ma chère Pauline, m'a fait passer un bon moment. Je me suis parfaitement rappelé ton séjour à la Villa-Clotilde avec papa et je me rappelle aussi que tu en revins triste. Tu portais le deuil de Follette. Dans ce temps-là, Mme de Branefort m'adorait, c'était son expression, et ne voulait pas se séparer de moi. Et pourtant, je m'en souviens, j'avais bien pleuré, bien supplié. Sais-tu que tu m'as écrit une page charmante sur la cueillette des nénufars ! Crois bien que je me suis très-intéressée à Follette et que je me reproche de n'avoir pas provoqué tes confidences. Nous n'étions pas très-intimes alors. Comme tu as toujours aimé passionnément la campagne ! comme tu as toujours su en jouir, chère Pauline ! Ce goût-là me vient aussi, ma sœur; il me pousse, et je le cultive par affection pour toi. Si tu ne peux te décider à revenir à la Villa-Clotilde, j'espère bien aller te voir dans ton vieux Branefort et je veux que tu saches à l'avance que je m'y plairai. J'ai refusé d'aller passer le mois prochain à la ville. Notre pénible situation est trop connue et je suis encore trop triste au fond du cœur pour aimer désormais cette résidence.

« Il faut faire des visites, en recevoir, s'habiller, courir les magasins avec nos anciennes amies. Autrefois ce mouvement dans le vide m'amusait, je l'avoue, mes ennuis d'intérieur me portant à me répandre beaucoup au dehors. Maintenant, oh ! maintenant, il n'en est plus ainsi. Je préfère ma vie tranquille à cette vie tumultueuse, et je ne sors de la Villa-Clotilde qu'à mon corps défendant.

« Je sens si bien d'ailleurs ce que notre position actuelle a de faux aux yeux du monde, que je ne me soucie aucunement de m'exposer à tous ces coups d'épingle lancés par le regard et la parole. Nos connaissances ne savent pas au juste de quelle façon nous accueillir. Faut-il nous sourire ? faut-il nous serrer la main comme à des personnes qui se trouvent dans une position fâcheuse? On se le demande sans doute. Les uns se taisent par discrétion, les autres, plus curieux ou plus méchants, demandent d'un air naïf : « Quand donc reverrons-nous cette chère « Pauline. » Je te citerais des gens qui ne se sont guère jamais souciés de nous et qui maintenant sont remplis d'une sollicitude maladroite qui nous porte à chérir notre solitude où ne pénètrent que de vrais amis. Tu ne m'as jamais fait de reproche, ma chère Pauline, depuis le jour où à Sainte-Croix ton regard m'a si éloquemment demandé pourquoi j'avais la dureté de t'abandonner pour suivre Mme de Branefort; mais aujourd'hui tu vas me comprendre : je ne serais jamais restée éloignée de toi si longtemps si je n'avais senti que ma présence ici donne un peu le change et impose jusqu'à un certain point silence à la malveillance. Les moins clairvoyants se figurent que le nuage est passé et qu'il y a eu entre Mme de Branefort et nous une pleine et entière réconciliation.

« Tu ressembles trop à notre père pour ne pas ressentir la douleur intense qu'il éprouve à la pensée que sa vie intime est devenue une sorte de sujet de conversation. Aussi, pour ne pas ajouter cette souffrance d'amour-propre à ses souffrances de cœur, je n'ose pas le quitter d'un jour. Mais il me semble, entendre me dire : « Béatrix, ne par- « lons pas de cela. » Tu souffres, méchante, et tu ne veux pas croire à la souffrance des autres. Où en es-tu de tes rancunes, Linette? Je n'aime pas le silence que tu tires comme un voile sur le fond intime de ton âme. Je voudrais tant te secouer, te réveiller, amener sur tes lèvres cette parole que ton père attend pour t'ouvrir les bras, et qui fera Mme de Branefort tomber à tes pieds! Allons, tu fronces tes grands sourcils d'ébène.

« Silence!

« Je te quitte pour aller au-devant de Mlle Bruneville qui nous arrive. Elle est devenue la confidente, le soutien de toute la maison. Ce que c'est que la foi unie à la vertu et aussi à tout ce qui charme, humainement parlant. Elle me fait l'effet d'une mère Amélie en papillotes et en corsage de velours. Elle t'aime infiniment et elle me charge toujours de te le dire.

« Au revoir, chère sœur ; cette lettre t'arrivera toute parfumée à la fleur de genêt. Tout à l'heure, l'enfant de la ferme tenait entre ses bras une véritable gerbe d'or, et, sur son invitation, j'en ai arraché une branche en pensant à ton goût pour ces jolies fleurs sauvages. Feuilles et boutons vont se mêler à ma lettre et t'apporter avec le parfum de notre campagne aimée les plus tendres sentiments de

« Ta sœur affectionnée,

« BÉATRIX. »

PAULINE A BÉATRIX.

Branefort.

« Oh ! Béatrix, comme tes fleurs de genêt me sont allées au cœur ! J'aime la mer, ses puissantes harmonies, ses grands tableaux changeants, ses aspects sublimes et désolés ; mais j'aime plus tendrement, je crois, la campagne, notre campagne si riante, si animée, si vivante. La mer me fait un peu l'effet d'un homme de génie, qu'on admire beaucoup, qu'on craint un peu, qui vous émeut, vous transporte, vous effraye tour à tour dans la manifestation de sa personnalité puissante; la campagne, c'est l'ami de jeunesse au visage aimable, au regard sympathique, à l'esprit doucement vivifiant qui vous plaît, vous sourit, vous attire par le charme intime, pénétrant, de mille qualités charmantes et diverses. La campagne donne des fleurs, ces sourires de la nature; elle a ses arbres au feuillage tremblant, ses plantes, ses insectes, ses oiseaux; la mer n'a que ses vagues éternellement soupirantes, ses rochers éternellement nus. Et vivre toujours de cette poésie sauvage est bien sévère, ma Béatrix. Juge donc avec quelle joie j'ai reçu cette lettre émaillée de fleurs de genêt. La vue de ces pétales déjà fanés, mais dont le parfum s'était attaché à ton papier, m'a donné des heures de vie. J'ai passé par la pensée et par le cœur des heures à la Villa-

Clodilde, dans l'allée verte qui est bordée de chaque côté par des fossés garnis de genêts. L'avons-nous arpentée, cette allée riante, ma chère Béatrix, au temps de nos gros chagrins et de nos folles joies ! Nous passions là bras dessus, bras dessous, les heures de notre délivrance, riant parfois, pleurant souvent, nous plaignant toujours, nous révoltant pour bien vite nous soumettre. Le croirais-tu ? il y a des moments où je regrette cette époque de notre vie. La passion de l'indépendance a pour fruit la révolte, et la révolte est vraiment un fruit amer ; elle éveille en nous tant de mauvais sentiments, elle nous rend tellement esclaves de notre orgueil. Il est plus facile de rester toujours la tête basse sous une tyrannie quelconque que de la baisser quand elle s'est une fois redressée. Ta douce nature ne connaît pas ces combats, ma chère Béatrix; qu'ils te soient toujours épargnés !

« J'ai quitté hier mon sombre Branefort; j'ai consenti à suivre ma tante Thérèse dans une expédition de son goût, une petite fête agricole, et je ne m'en suis pas repentie. J'ai bien vite eu la pensée d'écrire pour toi cette journée passée loin de nos grèves désolées, en pleine campagne.

« Je sais que tu aimes les fêtes simples et véritablement rustiques; que tu sais affronter le soleil, la poussière, les bruits discordants, les poussées amicales mais brusques ; que tu préfères à la cohue uniforme, maniérée, spleenique, nerveuse des villes, la foule des paysans sains, robustes, gais, cette foule animée, vivante, où la vieillesse laisse flotter ses cheveux blancs autour d'un front paisible, où la jeunesse donne sans y penser la grâce de ses attitudes, le charme de ses sourires, la poésie de ses honnêtes amours, où l'enfance est naïve, franchement rieuse ou délicieusement grave.

Je sais que tu aimes cela, chère Béatrix, et c'est pourquoi je te demande de me suivre à Bannalec.

« Nous sommes en pleine Basse-Bretagne, et la fête du concours agricole amène au chef-lieu du canton toutes les paroisses environnantes. Pour peindre cette foule bigarrée, la plume devrait se changer en pinceau, et le pinceau cette fois n'aurait plus à retracer des femmes en crinoline, ce qui se ressemble, ou des hommes en paletot et en chapeau bourgeois, ce qui est uniformément laid.

« Non, voici de beaux gars au teint frais, sur le visage desquels le chapeau à larges bords jette ses ombres, dont le corps souple est revêtu de l'ample gilet aux lignes brillantes de boutons de métal, de la veste à demi flottante, enjolivée sur la poitrine de galons éclatants, entre les deux épaules de la croix brodée ou du Saint-Sacrement qui fait l'effet d'une étoile. Voici des jeunes filles blanches et blondes dont la taille fine et ronde est serrée par les spencers noirs dont d'épais galons, de larges velours, de fines broderies en chenilles multicolores, dessinent les contours gracieux. Une large collerette plissée retombe sur leurs épaules ; elles ont la croix d'or sur la poitrine, un ruban flottant à la ceinture, une coiffe légère et coquette dont la forme varie d'un canton à l'autre, mais qui reste toujours parfaitement gracieuse.

« Et les vieillards donc, avec leurs braies plissées, leurs cheveux pendants et leur démarche grave !

« Chaque groupe fait vraiment tableau, et ce n'est point là une foule énervée, vulgaire. C'est un peuple croyant et fort, qui marche dans sa dignité, sa liberté, sa simplicité spartiate sur le sol fertilisé par les sueurs de ses ancêtres et qui conserve dans son cœur ce triple amour qui est tout l'homme moral : Dieu, la famille, le pays.

« Il faisait un soleil splendide, et les amusements en plein vent se multipliaient. La famille nomade des saltimbanques était représentée par un carrousel et par un tir desservis par d'horribles femmes en cheveux et par des hommes à moustaches. Mais il y avait un jeu de tonneau qui attirait les garçons assez malhabiles pourtant à faire rouler de leur main rugueuse la petite boule entre les anneaux de fer. Le maître de ce tonneau primitif était un paysan à l'air sauvage, aux cheveux épars, qui ignorait la réclame parlée ou hurlée, et qui présidait au jeu de l'air le plus indifférent du monde.

« Les jeunes paysannes sont comme toi, ma

sœur : elles aiment ce carrousel rustique et elles gardent sur les inertes chevaux de bois la pose gracieuse qu'elles prennent naturellement sur leurs montures rapides. Les petites filles, vêtues comme des femmes, paradent dans leur calèche et sont charmantes à voir. Sur le mur du cimetière un enfant glapit un cantique breton : *Peden ar mousik bian*, sur l'air : *Potred Plouilliau* ; une pauvre femme murmure une complainte intitulée : *Kimiadou eur martolod a Vreiz*, et on les écoute bouche béante, et les gros sous sont livrés en échange de la page imprimée que lisent le soir les lettrés de la maison.

« C'est par la course de chevaux que la fête a commencé. Cette course n'a rien d'intéressant. Une bande de chevaux indisciplinés s'élancent au hasard et en tumulte sur la route poudreuse qui sert d'hippodrome ; mais ce que l'on regarde avec plaisir, ce sont les deux rangées de curieux qui s'échelonnent sur les talus verts. Les jeunes filles, debout ou agenouillées contre le tronc rugueux des chênes trapus, abritent sous l'épais feuillage leur visage modeste et leur taille svelte;

les jeunes hommes élégants et vigoureux comme les châtaigniers auxquels ils se cramponnent, suivent les coureurs d'un regard très-calme.

« La course est finie, les danses vont s'organiser. Au centre de la place se trouvent deux ménétriers de Quimperlé, dignes du pinceau de Brizeux. L'homme à la bombarde a les traits fins, les cheveux longs, le teint pâle, de grand yeux noirs mélancoliques. Plongé dans une sorte de somnolence musicale, il reste penché sur son instrument qui joue avec ou sans lui et dont il a toujours l'air d'écouter l'harmonie sauvage. L'autre est rouge, blond, joufflu, joyeux. Il bat gaiement la mesure, et ses petits yeux gris ont un regard perçant et gai qui rappelle le son aigu, mais criard de son fifre. Un artiste rêveur et un joyeux compère réunis par amour du contraste, comme cette danse, ma Béatrix, t'aurait fait danser!

« La chaîne, dont chaque anneau est un être humain, se forme autour d'eux. Ces gracieux paysans dansent avec une parfaite mesure. Le conducteur de la chaîne, celui qui lui fait décrire ses savants méandres, a un panache de verdure flottant à son chapeau. Quelle élégante dignité dans toute sa personne ! Et le bal à quatre donc. Vraiment, c'était extrêmement joli à regarder.

« Laissons-les danser de tout leur cœur et de toutes leurs jambes ; laissons-les quitter le sol brûlant pour aller demander aux tonnes couvertes de feuillage un breuvage rafraîchissant qu'ils boiront dans une cruche fleurie comme leurs vêtements, et dirigeons-nous vers le champ où va s'ouvrir le concours des charrues. Les curieux cherchent l'ombre des fossés ; on s'assied sur la fougère. Les charrues, leurs conducteurs, leurs vaillants attelages, forment le fond du tableau, et les sentiers verts s'émaillent de coiffes blanches et de ceintures écarlates. Le signal est donné, le soc d'une charrue déchire les entrailles de la terre, toutes s'ébranlent ; la lutte pacifique est commencée ; les voilà creusant patiemment leur sillon. Les unes sont traînées par des chevaux ; des bœufs forment le pittoresque attelage des autres. Le sol, d'un vert d'émeraude, se nuance de brun. Une heure de ce va-et-vient paisible a converti la pelouse en un champ prêt à recevoir la semence que la main de l'homme jette, mais que Dieu seul rend féconde.

Lamartine a peint ce tableau.

La terre, qui se fend sous le soc qu'elle aiguise,
En tronçons palpitants s'amoncelle et se brise ;
Et, tout en s'entr'ouvrant, fume comme une chair
Qui se fend et palpite et fume sous le fer.
En deux monceaux poudreux les ailes la renversent ;
Ses racines à nu, ses herbes se dispersent ;
Ses reptiles, ses vers, par le sol déterrés,
Se tordent sur son sein en tronçons torturés ;
L'homme les foule aux pieds, et, secouant le manche,
Enfonce plus avant le glaive qui les tranche ;
Le timon plonge et tremble et déchire ses doigts ;
Son enfant parle aux bœufs du geste et de la voix ;
Les animaux, courbés sur leur jarret qui plie,
Pèsent de tout leur front sur le joug qui les lie ;
Comme un cœur généreux leurs flancs battent d'ardeur,
Ils font bondir le sol jusqu'en sa profondeur.
L'homme presse ses pas, l'enfant le suit à peine ;
Tous au bout du sillon arrivent hors d'haleine.

« Les membres de la commission, auxquels ma tante Thérèse se serait volontiers jointe, examinent rapidement les divers sillons, et la foule reprend le chemin du bourg où vont être décernés les prix. Il y en a de différentes espèces. La danse a aussi son académie rustique, qui accorde au meilleur danseur un prix, toujours vaillamment et loyalement disputé. Une gavote se forme, les plus beaux danseurs ont pris rang; ils luttent de grâce et d'agilité. Yan, le beau Yan, reçoit le prix. Un ruban rose va flotter sur son chapeau pendant la première gavote, puis il ira parer la jolie Maï, dont ce cadeau fait rougir de plaisir le front pudique.

« Maintenant gravissons les degrés qui mènent au cimetière; ne nous laissons pas séduire par le grand orme ombreux, à la fine tunique de mousse, qui en garde l'entrée, et faisons le tour du vert enclos. Marchons avec un respect douloureux entre ces tombes et ces croix. Hélas! voici des jeunes filles dans leur éclatant costume de fête qui causent gaiement, assises sur une tombe gazonnée qui recouvre peut-être la dépouille d'un être tombé là dans son printemps; voici une vieille femme qui dort étendue philosophiquement sur une autre tombe. Son visage, bronzé, ridé, très-paisible, se détache sur son dur oreiller de granit gris : sommeil sur sommeil. Nous tournons l'église dont la petite flèche assez élégante est l'ornement d'un vaisseau très-vulgaire. Nous voici dans la partie non consacrée par les morts, mais où s'élève la croix, le Calvaire, entre quatre beaux peupliers, qui semblent lui former une garde d'honneur. Entre les ifs élancés sont plantés, on ne sait pas trop pourquoi, quatre mâts recouverts de verdure et surmontés d'un drapeau. Là sont les prix, instruments de bois et de fer que les agriculteurs examinent d'un œil connaisseur et que les paysans soulèvent de leurs mains vigoureuses sans songer à honorer de leur attention les parleurs insignifiants qui les coudoient. La distribution va commencer. Le bureau de présidence s'est formé. Il est composé d'un prêtre aux cheveux blancs et de deux hommes distingués qui savent honorer l'agriculture et qui serreront cordialement la main aux vieux paysans qui vont paraître sur ce théâtre rustique sans embarras comme sans empressement. J'aime à les voir s'avancer avec leurs grands cheveux ondés; leurs corps épuisés par le travail, graves et pourtant joyeux, stoïques et pourtant émus, humbles et pourtant fiers.

«Le défilé n'a eu pour moi rien d'ennuyeux. Je n'aurais pas échangé cette tente dont le sol tiède formait le parquet, dont le feuillage épais des ifs composait le dôme charmant, pour une place d'honneur sur n'importe quelle estrade. Lauréats pour lauréats, prix pour prix, j'aime autant nos paysans, jeunes et vieux, recevant un outil de fer ou un peu d'or dans leur main calleuse, que les enfants rabougris ou bouffis d'importance qui, dans les petites distributions de prix, vont chercher le livre creux et colorié qui, mérité ou non, fait germer tant d'espérances insensées dans le cerveau de parents ambitieux.

« Nous avons quitté Bannalec assez tard et nous avons regagné la gare, fatigués, mais non déçus. Le wagon a endormi notre fatigue. J'ai rêvé de ciel bleu, de prés verts, d'arbres touffus, sous lesquels dansaient et tourbillonnaient de gracieux paysans dans leur brillant costume.

Cette journée, que beaucoup auront trouvée ennuyeuse, ne m'a laissé que de fraîches impressions, du genre de celles qui suivent la visite que l'on fait dans les salles où rayonnent ces beaux paysages signés d'un nom de maître et dont l'âme se fait l'intelligent réflecteur.

« Je te disais que ma tante Thérèse a été étonnée de la bonne contenance que j'ai faite pendant cette longue journée. Et toi, que penses-tu de cette lettre?

« Voici bien de l'enthousiame pour fort peu de chose, diras-tu peut-être, ma chère Béatrix; mais je n'ai vraiment rien de plus intéressant à t'écrire. Adieu. Comme toujours, à la belle vicomtesse de Branefort seconde les hommages empressés de mon bon oncle et sur tes deux joues un baiser retentissant de tante Thérèse. Tu sais que je t'aime de tout mon cœur.

« Pauline.

« *P. S.* L'état de notre tante Lucie s'est sensiblement aggravé cette nuit et commence à nous inquiéter. Au reste, si le mal de tête dont je souffre depuis quelques heures continue, je ne serais pas éloignée de penser que ma pauvre tante Thérèse va avoir deux malades sur les bras. Ne t'alarme pas, chère sœur; c'est peut-être un simple effet de ma course d'hier et de mes stations en plein soleil. »

XI

La sombre façade de Brancfort a deux fenêtres, derrière les vitres desquelles tremble une lueur, et cependant la nuit est avancée et tout mouvement humain a cessé. L'une de ces fenêtres éclairées donne sur la mer, c'est celle de la chambre de Pauline. On ne retrouve plus dans cette chambre l'ordre rigoureux que la jeune fille aimait à y maintenir. Sur les meubles, il y a des fioles, des tasses et ces mille objets qui se rencontrent dans les appartements envahis par la maladie.

La porte est ouverte, et le corridor éclairé;

Mlle Thérèse passe, comme une grande ombre, d'une chambre à l'autre. Elle va du chevet de sa sœur convalescente au chevet de sa nièce, dont la maladie ne fait que commencer, mais qui s'annonce très-grave. La fatigue creuse les grandes rides de son front et l'inquiétude semble durcir ses traits. Tout à coup elle prête l'oreille. Un bruit de roues sur le pavé de la cour se fait entendre, des portes s'ouvrent au rez-de-chaussée, les marches de l'escalier gémissent. Elle jette un coup d'œil sur Pauline, ferme doucement sa porte et va ouvrir celle du corridor. A la pâle lueur de la lampe, elle aperçoit Robert de Branefort, et, sous la femme voilée qui l'accompagne, elle reconnaît Clotilde.

Elle avait bien besoin d'aide en ce moment, la dévouée Thérèse, et cependant en apercevant Clotilde elle fronça ses épais sourcils.

Que venait faire à Branefort, en ce moment, cette femme égoïste et frivole ?

Telle était la question qu'elle s'adressait.

Elle répondit à peine à son salut et dit crûment à son frère :

— Je t'attendais, Robert, et tu as bien fait de te presser, car le mal marche et il y a du chagrin au fond de cette maladie.

M. de Branefort se pressa le front entre ses deux mains.

— Par pitié, murmura-t-il, ne me dis pas cela. Où est-elle ? où est-elle ? Je veux la voir sur-le-champ.

— Elle ne te reconnaîtra probablement pas ; mais viens toujours.

Elle le précéda et ouvrit avec précaution la porte de la chambre de la jeune fille.

— Va, dit-elle à voix basse ; seulement ne te montre pas trop.

Et se tournant vers Clotilde qui les avait suivis :

— Votre présence à vous est inutile ici, madame, dit-elle, et cette maladie d'ailleurs doit vous faire peur.

Clotilde baissa douloureusement la tête et s'éloigna de quelques pas dans le corridor

Quand Thérèse et M. de Branefort sortirent

de l'appartement où Pauline délirait, ils la retrouvèrent à la même place.

— Eh bien? demanda-t-elle.

— Elle ne me reconnaît pas, gémit M. de Brancfort.

— Et vous, que faites-vous ici? demanda Mlle Thérèse en remarquant que sa belle-sœur s'était débarrassée de ses vêtements de rue.

— Thérèse, murmura Clotilde en se rapprochant d'elle, écoutez-moi. Je ne suis venue à Brancfort que dans le dessein de m'y rendre utile. Vos soins, je le sais, sont plus agréables que les miens à Pauline; mais elle a malheureusement le délire, et je ne puis vous remplacer auprès de votre sœur. Partageons donc, je vous en supplie. Ma place d'ailleurs, elle est au chevet de cette enfant.

— Mais cette affreuse maladie est contagieuse, madame.

— Je le sais, je le sais.

— Vous ne vous exposerez pas ainsi. Robert et moi suffirons à tout; retournez auprès de Béatrix, cela vaudra beaucoup mieux.

— Nous l'avons confiée à Mlle Bruneville. Thérèse, ne me refusez pas. Ce n'est pas vous qui avez toujours compris le devoir qui me refuserez ce que je demande aujourd'hui comme une grâce, comme le moyen providentiel qui s'offre à moi pour réparer ma faute.

Thérèse fixa sur elle son regard pénétrant, involontairement adouci.

— C'est bien! essayez, dit-elle.

Clotilde a essayé. Il y a cinq jours qu'aidée par son mari elle prodigue les soins les plus affectueux à Pauline, se dérobant prudemment à sa vue dans les moments lucides, reparaissant sitôt que le délire la saisit de nouveau.

Enfin la fièvre qui avait mis les jours de la jeune fille en danger, s'était calmée.

Depuis sa dernière crise, Clotilde ne l'avait pas quittée ; il y avait des nuits qu'elle veillait à ce chevet, suivant heure par heure les progrès du mieux que son œil exercé avait découvert, et elle venait enfin d'avoir le bonheur de la voir s'endormir d'un vrai, d'un lourd, d'un profond sommeil.

Ce sommeil réparateur dura plusieurs heures.
Comme minuit sonnait, la malade se réveilla en
sursaut et jeta autour d'elle un regard vague
comme ses pensées. Une lampe de nuit éclairait
confusément la chambre et lançait ses faibles
rayons sur Mme de Branefort, placée en face du
guéridon sur lequel elle était posée. Le regard de
Pauline s'arrêta sur elle, et puis ses yeux se re-
fermèrent. Avait-elle encore la fièvre ? était-elle
toujours sous l'empire du délire, puisqu'elle
voyait encore cette figure qui lui était souvent
apparue comme en rêve? Quand elle rouvrit une
seconde fois les yeux, son regard affermi chercha
de nouveau sa gardienne.

Clotilde, voyant se prolonger le repos de la
malade, s'était elle-même endormie, vaincue
par la fatigue. Elle s'était endormie en priant
sans doute, car ses deux mains reposaient jointes
sur ses genoux. Cette femme en prière, au visage
amaigri, pâle de cette pâleur terne, particulière
aux insommies, c'était bien sa belle-mère ; Pauline ne pouvait plus douter ; soulevée sur ses
oreillers, elle la regardait avec une étrange ex-

pression. Elle n'avait donc pas rêvé quand elle avait cru voir sans cesse Mme de Branefort à ses côtés ; ces lèvres, qu'elle avait senties si souvent sur son front brûlant, c'étaient ses lèvres ; ces mains délicates qui l'avaient si doucement retournée sur son lit, qui avaient écarté ses cheveux de son visage enflammé, c'étaient ses mains. En recouvrant la raison, pouvait-elle éprouver une surprise plus profonde? Une porte qu'on ouvrit interrompit sa méditation, elle ferma instinctivement les yeux et se laissa retomber sur ses oreillers. Ce même bruit, quelque léger qu'il fût, réveilla Clotilde. Elle se redressa brusquement sur son fauteuil, et porta machinalement la main vers le guéridon ; mais sa main ne saisit pas le bol de tisane. Pauline dormait, et Thérèse de Branefort, en toilette de nuit, s'avançait sur la pointe des pieds vers le lit.

— Eh bien ? demanda-t-elle à voix basse.

— Elle dort, répondit Clotilde sur le même ton. Voilà trois heures qu'elle dort ainsi, sans tressaillements et sans plaintes, d'un excellent sommeil.

Elle prit la lampe et l'éleva au-dessus du lit :

— Et voyez comme elle est calme, continua-t-elle, comme elle est moins rouge, comme sa respiration est égale ! Pauvre chère enfant !

— Oui, c'est fini, je crois, reprit Thérèse en posant son doigt sur le poignet de la jeune fille et en écoutant les pulsations de son pouls. Oui, c'est fini, répéta-t-elle ; mais sa convalescence sera longue ; elle est d'une maigreur effrayante.

Clotilde souleva doucement la main transparente que regardait Thérèse, la baisa, et, la replaçant sur la poitrine de la jeune fille :

— A cet âge on se reprend vite à vivre, dit-elle.

— C'est vrai. Maintenant, Clotilde, écoutez-moi : il faut aller vous coucher.

— Non, Thérèse, je n'irai pas.

— Mais, folle que vous êtes, vous vous rendrez malade ; songez que c'est la troisième nuit.

— J'ai dormi le jour.

— Et mal dormi. Laissez-moi vous remplacer, vous dis-je. Voilà deux nuits que je dors, moi ; et vous avez une figure de papier mâché qui me fait de la peine. Pauline ne se réveillera que demain matin.

— Je veux être là quand elle se réveillera ; je veux son premier regard : elle n'aura peut-être pas la force de le rendre dur.

— Allons, allons, vous êtes une entêtée ; heureusement que votre malade est hors d'affaire ; sans cela, en vérité, il aurait fallu vous enlever de force. Au moins, faites un somme dans ce fauteuil.

— Je dormais quand vous êtes arrivée.

— A la bonne heure. A demain, mon enfant.

— A demain. En regagnant votre appartement, entrez donc un peu dans la chambre de Robert, et dites-lui que Pauline dort par continuation ; sans cela je vais le voir arriver.

Mlle de Branefort fit un mouvement de tête en signe d'acquiescement, et sortit en prenant les mêmes précautions qu'elle avait prises à son entrée.

Clotilde s'enfonça dans son fauteuil et ferma les yeux ; tout à coup elle les rouvrit en tressaillant.

Il lui semblait qu'une voix faible, mais distincte, avait prononcé tout près d'elle ces deux mots : « Ma mère ! »

Et, tout épouvantée, elle prêtait l'oreille :

— Ma mère ! répéta la voix.

Le visage pâle de Clotilde devint profondément inquiet, elle se précipita en avant pour regarder Pauline. Si c'était elle qui prononçait ces mots, c'est que le délire la reprenait sans doute. Elle recula en voyant ouverts ses deux grands yeux à la fois humides et brillants.

— Veux-tu quelque chose? balbutia-t-elle en baissant involontairement les yeux devant ce regard dévorant et profond qu'elle redoutait tant autrefois.

Pauline se souleva et lui étreignit le cou de ses deux bras.

— Je veux votre pardon, ma mère, dit-elle, car je vous aime ! Oh ! je vous aime !

Clotilde se sentit remuée jusqu'au fond du cœur par cet accent passionné et vrai. Elle regarda encore Pauline. Le regard éloquent de la jeune fille avait une rare puissance. Elle se sentit pardonnée; plus encore : profondément, sincèrement aimée, et elle fondit en larmes.

Nous sommes si peu faits pour le bonheur ici-bas, que nous n'avons pour exprimer une félicité sans bornes que ce langage des larmes, expression du malheur suprême.

XII

— Une lettre de Branefort pour vous, mademoiselle ; c'est l'écriture de ma tante ; ah ! lisez vite.

Et Béatrix, qui était devenue la commensale de Mlle Bruneville depuis le départ de M. et Mme de Branefort, lui tendit la lettre, et s'assit à ses pieds sur un tabouret.

Mlle Bruneville décacheta la missive, et lut tout haut.

« La petite vérole nous a enfin quittés pour tout de bon, ma chère Fanny, et vous pouvez nous arriver avec cette pauvre Béatrix. »

Béatrix jeta un cri de joie, Mlle Bruneville continua :

« Pauline est parfaitement remise, et ne sera pas défigurée du tout. En revanche, ma sœur a un visage comme un crible ; mais c'est un vieux visage, et, comme ma pauvre sœur a été habituée à se voir laide, cela importe peu. Nous sommes les plus heureuses gens du monde. Pauline et sa belle-mère sont au mieux ensemble, et, on le voit bien, cela durera toujours. Vous aviez raison, le fonds était bon. Je ne la reconnais plus ; elle est devenue gaie, charmante. Ses chatteries, qui m'impatientaient autrefois, me produisent un effet tout différent ; elle en fait un si bon emploi ! Mon oncle et ma sœur raffolent maintenant de cette petite femme-là, et moi aussi : je l'ai pourtant cordialement détestée, si ce vilain mot peut être chrétiennement employé. Mais aussi quelle différence ! Vous avez bien un peu mis la main dans cette métamorphose-là, et Dieu a fait le reste ; je vous en remercie tous les deux. Pauline et elle font de longues promenades et de grandes lectures. Pauline, qui a tant d'esprit, lui en donne, je crois ; sa conversation s'en ressent ; et moi, qui l'ai trouvée si ennuyeuse, je m'oublie souvent avec elle. Elle a été vraiment admirable dans les soins qu'elle a donnés à Pauline, et l'enfant, comme cela doit être, lui en est profondément reconnaissante.

« Entre elles, c'est désormais à la vie, à la mort ; à cet âge, quand les cœurs se nouent, ils se nouent bien, et ma petite Pauline, ayant maintenant une famille, un intérieur, ne sera pas malheureuse. Nous regretterons de la voir partir, bien qu'elle fût souvent triste ; mais il est entendu qu'on fera tous les ans une visite à mon vieux Branefort. Voilà une bien longue lettre pour moi ; mais je suis si heureuse de la terminaison de tout ceci ! Vous aviez mille fois raison, Fanny, mieux vaut tard que jamais ! Dieu est miséricordieux et patient, je ne vois pas pourquoi nous nous montrerions plus sévères que lui. Arrivez vite avec notre petite Béatrix, que son grand-oncle a un désir fou de voir. Nous entendrons parler plus d'une fois, quand elle sera ici, de celle qu'on appelait la belle Branefort. Mon oncle a sa miniature sous la main, et se prépare à comparer. Clotilde affirme que Béatrix ressemble vraiment beaucoup à sa bisaïeule.

« A bientôt. On vous aime, on vous embrasse, et on vous attend.

« Thérèse. »

M{le} Bruneville regarda en souriant Béatrix, qui avait écouté avidement.

— Nous partons ce soir, mon enfant, dit-elle.

Le lendemain, au tomber du jour, une voiture faisait son entrée dans la grande cour pavée de Brancfort.

Elle s'arrêta au pied du perron, et mademoiselle Bruneville et Béatrix en descendirent sous les yeux visiblement étonnés de deux vieillards qui prenaient le frais, accoudés sur une des grandes fenêtres du premier étage. Béatrix leur sourit derrière son voile, gravit le perron, le large escalier, et arriva toute bondissante dans cet appartement où elle croyait rencontrer Pauline et où elle se croyait attendue. En se trouvant en présence des deux vieillards et en les voyant la regarder avec une véritable stupéfaction, elle rougit un peu et leva le voile épais qui cachait ses traits.

Le vieux monsieur tressaillit, ôta ses lunettes par un geste vif, et, tendant les deux mains en avant :

— La belle vicomtesse de Branefort est la très-bien venue, s'écria-t-il gaiement.

Et se rapprochant de Béatrix il l'embrassa, la considéra de nouveau, et ajouta en riant :

— Pour une personne de cent cinquante et quelques années, vous êtes en vérité très-bien conservée, madame.

Béatrix ne put retenir un frais éclat de rire et demanda :

— Où est Pauline, cher oncle?

— Sur la terrasse, avec tout le monde, comme une personne qui se porte très-bien. Notre seconde convalescente se reprend moins vite à vivre, et je reste lui tenir compagnie, ce qui convient d'ailleurs à mes rhumatismes. Mais vous pouvez courir à la recherche des autres, brillant papillon. Vous allez leur causer une agréable surprise, on ne vous attendait pas de sitôt. Vous avez fait diligence, j'aime cela. Un moment! ma sœur n'a compris ni nos embrassades ni nos sourires, je vais vous présenter à elle.

Il s'approcha de la sourde-muette dont la physionomie exprimait un étonnement quelque peu stupide, lui parla rapidement et lui amena Béatrix. Béatrix l'embrassa, puis plongea dans son regard éteint la flamme de ses beaux yeux, mima au hasard quelques gestes, comme de mettre la main sur son cœur pour lui dire qu'elle l'aimait, ce qui fit sourire M. de Branefort, et puis sortit après s'être fait expliquer où était la terrasse. Dans l'escalier elle rencontra Mlle Brunevile et l'entraîna avec elle vers le jardin. Ce grand jardin aux larges allées droites bordées d'un buis envahissant se terminait par une terrasse ombragée; de larges ouvertures cintrées étaient percées dans l'épais feuillage, et permettaient de voir la mer. Au moment où Beatrix disait en pressant le pas : « Voilà la terrasse, sans doute! » trois personnes en descendaient : Pauline appuyée sur son père, Mlle Thérèse un sécateur à la main. En une seconde

Béatrix fut près d'eux. Et puis ce fut un bruit de baisers et de paroles émues qui retentirent délicieusement dans le cœur dévoué de Mlle Bruneville.

Elle interrompit les épanchements de tendresse des deux sœurs en demandant à M. de Branefort des nouvelles de sa femme.

— Elle a bien résisté à ses fatigues, répondit-il d'un air heureux.

— Non, elle est un peu souffrante, dit vivement Pauline; mais, ajouta-t-elle en jetant à Béatrix un beau regard, nous serons deux maintenant à la soigner.

— Allons vite la surprendre, dit Mlle Thérèse.

Ils remontèrent l'escalier de la terrasse, un escalier de gazon qui assourdissait le bruit des pas, et marchèrent vers Clotilde, qui, debout contre une des fenêtres de verdure, regardait la mer et ne les voyait pas venir.

Un changement facile à remarquer s'était opéré dans toute sa personne. Simplement vêtue, les cheveux recouverts d'un léger bonnet de guipure blanche, très-affaissée dans son attitude, ce qui révélait une certaine faiblesse, fatiguée mais sereine, pensive et pourtant souriante, elle ne rappelait plus cette pauvre femme surchargée de bijoux, perdue dans sa riche toilette, qui redressait si orgueilleusement son visage flétri, qui semblait se cramponner des deux mains à la jeunesse qui lui échappait, qui prodiguait tant de sourires fiévreux, qui dardait tant de regards avides et inquiets.

Mlle Bruneville éprouva un de ces heureux frémissements d'âme qui sont la récompense du bien accompli. « Mon Dieu ! pensa-t-elle avec joie, c'est fait. Elle a mis le pied dans la vie sérieuse, elle a embrassé le sacrifice, la paix est revenue, vous avez parlé, et enfin elle vous a compris. »

Il n'y avait pas à s'y méprendre : sur cette figure jeune encore se reflétaient les mouvements de la vraie vie, de la vie intérieure. La fraîcheur passagère, la beauté éphémère, étaient définitivement remplacées par cette beauté d'expression plus durable, puisqu'elle est comme un rayon de la beauté de l'âme immortelle.

Une branche sèche, que n'avait pas brisée le

pied impatient mais léger de Béatrix, cassa sous le pied plus lourd de Mlle Thérèse, et ce bruit révéla soudain à Clotilde la présence de quelqu'un. Elle leva les yeux et tomba toute saisie sur le banc de gazon en se trouvant inopinément en présence de Béatrix et de sa tante. Elle se remit bien vite de son impression, mais elle resta assise, ayant à ses pieds Pauline qui avait posé sa belle tête intelligente sur ses genoux, et à ses côtés Béatrix qui avait passé un de ses bras autour de son cou.

— Allez-vous l'étouffer par vos caresses maintenant? dit Mlle Thérèse en regardant son frère d'un air enchanté.

Pauline et Béatrix firent un mouvement, Clotilde les retint, et, les pressant plus étroitement contre elle :

— Ma tante, dit-elle d'une voix émue, savez-vous le souvenir qui me revient en ce moment? Il date de loin, je vous en avertis. C'était pendant les jours qui précédèrent mon mariage. Vous m'aviez fait une visite sérieuse, que j'avais reçue follement. J'avais même mis un malin plaisir à dérouter votre sage prudence en échappant le plus longtemps possible aux conseils que je voyais prêts à tomber de vos lèvres. Mais vous étiez aussi persévérante que bonne, et, quand je vous énumérai les splendeurs de ma corbeille de noces, vous en arrivâtes à vos fins en m'affirmant que je n'étais pas allée jusqu'au fond de cette corbeille:

— Je me souviens, dit Mlle Bruneville en souriant.

— Nous ne savons pas, nous, dit Béatrix; voulez-vous bien continuer pour nous, maman? Quels étaient ces bijoux? Qu'y avait-il donc au fond de votre corbeille?

Le regard de Clotilde caressa un instant les deux têtes charmantes auxquelles elle servait d'appui:

— Il y avait, dit-elle, ce que M. de Branefort y avait certainement mis de plus précieux, deux bijoux inestimables : ces deux joyaux sans prix, c'étaient deux enfants, deux âmes.

Elle jeta un regard plein de reconnaissance à Mlle Bruneville, et ajouta avec une émotion contenue mais profonde :

— Et malheureusement je leur préférai le reste, et je crus longtemps que le dessus de la corbeille suffirait à mon bonheur! Hélas le cœur se dessèche, l'âme s'épuise, l'être entier se détruit par les calculs étroits et égoïstes. Grâce à Dieu, je connais désormais la valeur des choses, la valeur des âmes, et, je suis bien heureuse de le dire, ma vie serait aujourd'hui bien décolorée, bien vide, si je ne pouvais me parer de mes derniers, de mes deux précieux bijoux, n'est-ce pas, Robert?

M. de Branefort, très-ému, baissa la tête pour dérober à tous la vue des larmes qui humectaient ses paupières.

— C'est bon, c'est bon, dit Mlle Thérèse en passant sa main sèche sur ses yeux, vous avez, ma chère Clotilde, une manière de raconter des histoires qui nous met tous en émotion. Cela va vous ôter l'appétit pour souper, et vous savez que personne n'a plus le droit d'être malade à Branefort. J'ai jeté toutes les fioles et tous les onguents par la fenêtre. Allons, vous riez maintenant, belle disposition, allons souper. Voici justement mon oncle, qui a mis vraiment une cravate blanche pour offrir son bras à la belle Branefort. Ma chère Clotilde, prenez le mien puisque Pauline a encore besoin de celui de Robert.

— Je suis de force à les soutenir toutes les deux, répondit M. de Branefort en se plaçant entre Clotilde et Pauline.

Ils traversèrent en causant la terrasse, précédés par Béatrix. Au moment d'en descendre Mlle Thérèse arrêta Mlle Bruneville et lui montra du geste le petit groupe qui s'éloignait.

— Je vous l'ai écrit et je vous le répète, dit-elle, tout ceci est bien un peu votre ouvrage, ma chère Fanny.

Mlle Bruneville leva vers le firmament, qui s'étoilait magnifiquement, un regard éloquent, plein d'amour et de foi.

— Je n'ai été qu'un instrument, dit-elle d'une voix pénétrante. Celui qui a fait le cœur de l'homme peut seul le transformer.

FIN

Coulommiers. — Typographie de A. MOUSSIN.

www.ingramcontent.com/pod-product-compliance
Lightning Source LLC
Chambersburg PA
CBHW070743170426
43200CB00007B/634